现代企业
管理研究

戴璇 著

延吉·延边大学出版社

图书在版编目（CIP）数据

现代企业管理研究 / 戴璇著. -- 延吉 ： 延边大学
出版社，2024．7．-- ISBN 978-7-230-06831-4

Ⅰ．F272

中国国家版本馆 CIP 数据核字第 2024CE2009 号

现代企业管理研究

著　　者：戴　璇
责任编辑：魏琳琳
封面设计：文合文化
出版发行：延边大学出版社
社　　址：吉林省延吉市公园路 977 号
邮　　编：133002
网　　址：http://www.ydcbs.com
E - m a i l：ydcbs@ydcbs.com
电　　话：0433-2732435
传　　真：0433-2732434
发行电话：0433-2733056
印　　刷：三河市嵩川印刷有限公司
开　　本：787 mm×1092 mm　1/16
印　　张：10
字　　数：150 千字
版　　次：2024 年 7 月　第 1 版
印　　次：2024 年 7 月　第 1 次印刷
ISBN 978-7-230-06831-4

定　　价：62.00 元

前　　言

　　企业是市场经济中最基本的组织形式，而企业管理是企业运作的重要组成部分。在不断变化的市场环境下，现代企业面临着越来越严峻的竞争与挑战。为了保持竞争优势和持续发展，现代企业必须不断进行管理创新，不断寻求新的发展模式和管理机制。

　　本书旨在探索现代企业管理模式，为现代企业的发展提供理论和实践的指导。首先，本书对企业管理的基本概念、产生与发展、特征与职能，以及企业管理中存在的问题与解决路径进行了概述。其次，从现代企业组织与经营管理的角度，阐述了现代企业战略管理、人力资源管理、财务管理和价值管理等方面的内容。最后，着重探讨了现代企业管理的创新实践，先是构建了现代企业管理创新体系，并分析了现代企业管理创新的动因与基本要求；然后论述如何提升现代企业竞争力，实现可持续发展；最后，结合我国现代企业的实际情况，提出了我国企业管理创新的实践建议。

　　笔者在撰写本书的过程中参考了众多学者的理论研究成果，在此表示诚挚的谢意。由于笔者水平有限，书中不当之处在所难免，恳请广大读者在使用过程中多提宝贵意见，以便本书的修改和完善。

目　　录

第一章 企业管理概述

　　管理从人类社会存在的那一刻起就已经存在，跨越了几千年的历史长河，一直为社会发展与进步贡献力量。特别是在 21 世纪，现代社会生活发生了巨大的变化，管理成为各种组织的重要工具。国家的治理、国民经济的发展、企业的兴办和运营、项目的实施，乃至一个人工作、生活的安排，都离不开管理活动。

　　企业是一个有机的整体，企业管理是一个完整的大系统。企业管理是由生产管理、财务管理、营销管理、人力资源管理等子系统构成的，各子系统之间存在密切的联系。本章主要介绍企业管理的基本理论，包括企业管理的基本概念、企业管理的产生与发展、企业管理的特征与职能、企业管理中存在的问题与解决路径。

第一节 企业管理的基本概念

　　管理作为人类的一种实践活动，是伴随着人类社会的发展而产生和发展的。但迄今为止，"管理"一词还没有统一的、可为大多数人所接受的定义，原因是不同的人对管理的认识和总结有所不同。现代企业是现代市场经济和社会生产力发展的必然产物，它较好地适应了现代市场经济和社会发展的客观要求，具有独有的特征。现代企业管理也有其独特的性质与原理。

一、企业的概念与基本特征

（一）企业的概念

企业是从事生产、流通、服务等经济活动，为满足社会需要和获取利润，依照法定程序成立的、具有法人资格的、自主经营并享受权利和承担义务的经济组织。企业是一个与商品生产相联系的历史概念，它经历了家庭生产时期、手工业生产时期、工厂生产时期和现代企业生产时期等发展阶段。

企业作为一个社会微观系统，其基本资源要素主要包括人力资源、物力资源、财力资源、技术资源、信息网络资源、时空资源等。

人力资源表现为一定数量的、具有一定科学文化知识和劳动技能的劳动者。这是在企业生产经营过程中最活跃的要素。

物力资源表现为一定数量和质量的原材料和能源，以及反映一定技术水平的劳动工具和生产设施。其中，材料是构成产品的物质基础，劳动资料是对劳动对象进行加工的必要因素。

财力资源是一种能够取得其他资源的资源，是推动企业经营过程周而复始地运行的"润滑剂"，是以货币形式表现的长期和短期的企业资金。

技术资源包括形成产品的直接技术和间接技术，以及生产工艺技术、设备维修技术、财务管理技术、物联网技术、移动通信技术、大数据分析技术、区块链技术、生产经营的管理技术等。此外，技术资源还包括组织市场活动的技术、信息收集和分析技术、市场营销策划技术、谈判推销技术等。技术资源是将企业的资源要素转化为产出的关键。

信息网络资源包括各种情报、数据、资料、图纸、指令、规章以及各种网络资源等，是维持企业正常运营的神经细胞。特别是在现代社会中，在"互联网+"和大数据时代，企业的生存和发展离不开网络。另外，企业信息吞吐量是企业对外适应能力的综合反映。信息的时效性可以使企业获得利润或产生损失。

时空资源是一种特殊的资源要素，是指企业在市场上可以利用的、作为公共资源的经济时间和经济空间。节约时间会提高企业的效率和盈利水平，因而具有价值功能。现代社会的生活节奏越来越快，因此企业必须树立"时间就是金钱"的理念。空间资源是指人类通过劳动直接改造和利用的、承接现实经济要素运行的自然空间。从物质资料再生产的角度可将其分为生产空间、分配空间、交换空间和消费空间。

（二）企业的基本特征

企业作为独立的社会经济组织具有以下特点：

第一，企业是合法性组织。企业的合法性主要表现在两个方面：一是企业必须在政府管理部门登记注册，同时具有合法的、独立的经营条件，取得政府和法律的许可；二是企业必须严格按照法律规定行使权利和履行义务。

第二，企业是经济性组织。这一特性将企业同其他社会组织区别开来。在形形色色的社会组织中，只有从事商品生产和经营的经济组织才可能是企业。企业作为特定商品的生产者和经营者，它生产产品或提供服务，并不是要自己享受这些商品的使用价值，而是为了实现商品的价值，以获取利润。这是企业的一大显著特征。

第三，企业是自主性组织。企业要获取利润就要保证自己的产品和服务在品牌、质量、成本和供应时间上能随时适应社会和消费者的需要。为此，除了加强内部管理外，企业还必须对市场和社会环境的变化及时、主动地做出反应，这就是企业的自主性。而权利和义务是对等的，企业享有自主经营权就必须进行独立核算，承担其行使自主经营权所带来的全部后果，即自负盈亏。如果企业只负盈不负亏，就不可能有负责任的经营行为和正确行使自主权的行为。

并不是所有从事商品生产和经营的经济组织都是企业。只有当该经济组织实行自主经营、自负盈亏、独立核算时，才能被算作企业。如果某经济组织虽然从事商品生产和经营，但并不独立核算、自负盈亏，而是由上一级组织统一核算、统负盈亏，那么其上一级组织是企业，该经济组织只是企业的一个下属生产单位。在这里，需要特别指出，我国在经济体制改革过程中大量涌现的企业集团也不是企业，而是一种企业联合体，即由诸多企业所组成的一种联合体。在企业集团中，各成员企业拥有自主经营权，是自负盈亏的经济组织。

第四，企业是营利性组织。获取利润是企业最本质的特征。企业在生产经营后如果没有获取利润，就无法生存，更谈不上发展。企业只有不断提高经济效益、增加盈利，才能更好地发展，为国家纳税，为社会多做贡献。但企业在赚取利润的同时，还必须承担起某些社会责任，如遵守社会道德、保护环境、保护资源、满足员工需求、为员工的发展创造良好的条件等。因此，追求利润不应是企业的唯一目标。

第五，企业是竞争性组织。企业是市场中的经营主体，同时也是竞争主体。竞争是市场经济的基本规律。企业要生存、要发展，就必须参与市场竞争，并在竞争中获胜。企业的竞争性表现在，它所生产的产品和提供的服务要有竞争力，要在市场上接受用户的评判和挑选，要得到社会的认可。市场竞争的结果是优胜劣汰，企业应通过有竞争力的产品和服务在市场经济中谋求生存和发展。

第六，企业是网络化组织。价值链组织对于一个企业来说还不够，因为它不一定能形成一个圆环。要成为网络化组织，企业就要对价值链的运作进行整合，这样企业就可以成为一个联合体。我国企业应该融入这个网络，而且要融入更大的价值网络。

二、企业责任

（一）企业责任的概念

企业责任是指企业在争取自身生存和发展的过程中，面对社会的需要和各种社会问题，为维护国家、社会和人类的利益，所应该履行的义务。企业作为一个商品生产者和经营者，它的义务就是为社会经济的发展提供各种商品和劳务。它的身份和地位决定了它在国民经济体系中必须对国家、社会各方面承担相应的责任。

（二）企业责任的主要内容

第一，企业对国家的责任。企业对国家的责任涉及社会生活、经济、文化等各个领域，包括企业遵守国家大政方针、法律政策；遵守国家关于财务、劳动工资、物价管理等方面的规定，接受财税、审计部门的监督；自觉照章纳税；管好、用好国有资产，使其保值、增值等。

第二，企业对生态环境的责任。在生态环境问题上，企业应当为其所在的区域、国家，乃至为全人类的长远利益负责任，要保护人类的生态环境，适应经济社会的可持续发展。企业作为自然资源（能源、水源、矿产资源）的主要消费者，应当承担起节约资源、开发资源、保护资源的责任。企业应当防止对环境造成污染和破坏，整治被污染破坏的生态环境。

第三，企业对员工的责任。企业在生产经营活动中使用员工的同时，要肩负保护员工人身安全，培养和提高员工文化、技术，保护其合法权益等责任。

第四，企业对社区的责任。企业有维护其所在社区正常环境，适当参与社区教育文化发展、环境卫生保护、治安事务管理，支持社区公益事业等责任。

第五，企业对消费者和社会的责任。企业向消费者提供的产品和服务应能使消费者满意。企业也要重视消费者和社会的长期福利，致力于社会效益的提高，如向消费者提供商品、服务信息，注意消费品安全，强调广告责任，维护社会公德。

三、企业的目标

企业的目标是企业在一定时期内要达到的目的和要求，一般用概括的语言或数量指标加以表示，如发展生产、扩大市场、革新技术、增加盈利、提高职工收入和培训职工等方面的要求，都要用目标表示出来。一个企业要实现一定的目的和追求，通常是将这些目的和追求转化为在一定时期内要达到的规定性成果目标，并通过达到这些成果目标去实现企业的目的。

目标对于人们开展活动具有引导和激励作用。它可以统一和协调人们的行为，使人们的活动有明确的方向；可以激发人们的动力；可以衡量人们的工作成绩。对于一个企业来说，如果没有明确的目标，企业的生产经营活动就会没有方向，管理就会杂乱无章，企业就不能获得良好的收益。

企业目标一般通过一定的规定性项目和标准来表达，它可以定性描述，也可以定量描述。任何目标都是质和量的统一体。对目标进行定性描述，可以阐明目标的性质与范围；对目标进行定量描述，可以阐明目标的数量标准。企业的目标往往是一个目标体系，其内容是多元的，是以一定的结构形式存在的。从目标的结构看，企业目标可分为主要目标和次要目标、长期目标和短期目标、定性目标和定量目标。企业在一定时期内所要达到的目标习惯上被分为社会贡献目标、市场目标、利益与发展目标、成本目标和人员培训目标等，具体表现为产品品种、产量、质量、市场占有率，固定资产规模、利润额、上缴税金和福利基金等方面的目标。

（一）社会贡献目标

社会贡献目标是现代企业的首要目标。企业能否生存，取决于它是否能取得较好的经济效益，对社会有所贡献。企业能否发展，取决于企业生产的产品是否能满足社会需要。企业对社会的贡献是通过它为社会创造的实物量和价值量来表现的。企业之所以能够存在和发展，是因为它能够为社会做出某种贡献，否则它就失去了存在价值。所以，每个企业在制定目标时，必须根据自己在社会经济中的地位，确定自身对社会的贡献目标。贡献目标可以表现为产品品种、质量、产量和企业缴纳的税金等。

（二）市场目标

市场是企业的生存空间。企业的生产经营活动与市场紧密联系，确定市场目标是企业经营活动的重要方面。广阔的市场和较高的市场占有率，是企业进行生产经营活动和稳定发展的必要条件。因此，企业要千方百计地扩大市场销售领域，提高产品的市场占有率。

市场目标可用销售收入总额来表示。为了保证销售总额的实现，企业还可以以制定某些产品在地区的市场占有率作为辅助目标。市场目标既包括新市场的开发和传统市场的纵向渗透，也包括市场占有份额的增加。对具备条件的企业，应把走向国际市场、提高产品在国际市场的竞争能力列为重要目标。

（三）利益与发展目标

利益目标是企业生产经营活动的内在动力。利益目标直接表现为利润总额、利润率和由此决定的公益金的多少。利润是销售收入扣除成本和税金后的余额。

无论是企业的传统产品还是新产品，其竞争能力都受到价格的影响。企业为了自身的发展和提高职工的物质利益，必须预测出未来各个时期的目标利润。企业要实现既定的目标利润，应通过两个基本途径：一是发展新产品，充分利用先进技术，打造名牌产品，取得高于社会平均水平的利润；二是改善经营管理，采取薄利多销的经营方式，把成本降到社会平均水平之下。对于企业来说，前者需要较高的技术，难度较大，而后者需要保持较高的市场占有率和长期稳定的利润率，并能给消费者带来直接利益。所以，目标利润是带有综合性的指标，它是企业综合效益的表现。

（四）成本目标

成本目标是指在一定时期内，企业为达到目标利润，在产品成本上达到的水平。它是用数字表示的一种产品成本的发展趋势，是根据企业所生产产品的品种数量、质量、价格的预测和目标利润等资料确定的，是成本管理的奋斗目标。

企业要对市场的需要，产品的售价，原材料、能源、包装物等价格的变动情况，以及新材料、新工艺、新设备的发展情况进行分析，结合企业今后一定时期内在产品品种、产量、利润等方面的目标，以及生产技术、经营管理上的重要技术组织措施，找出过去和当前与成本有关的因素，取得必要的数据，并根据这些数据和企业本身将要采取的降低成本的措施，制定出近期和远期的目标成本。

（五）人员培训目标

提高企业素质的一个重要方面是提高员工的业务能力、技术水平和文化素养。企业想要员工具有专业技术的开发能力，就要在员工培训上下功夫。企业的经营方针和目标明确以后，需要有相应素质的人来完成。所以，企业一定时期的员工培养目标是保证各项新技术得以实施和其他各个经营目标得以实现的根本条件。

企业目标具体项目和标准的确定，要考虑企业自身的状况和企业的外部环境，处理好企业内外部的各种关系。企业目标应该是可考核的。企业制定目标时，必须让员工知道他们的目标是什么，什么样的活动有助于其目标的实现，以及什么时候完成这些目标。

四、管理、管理学与现代企业管理

（一）管理的一般含义及特点

1.管理的含义

在现代社会，管理具有非常普遍的意义，是一种普遍的社会现象和实践活动。管理广泛地存在于社会生活中的各个领域，如政治、经济、军事、文化、教育等领域。那么，什么是管理呢？古典管理学派认为，管理是对组织的活动进行计划、组织、指挥、控制和协调的过程；行为学派认为，管理就是协调人与人之间的关系，调动人的积极性和创造性的活动；现代决策理论学派则认为，管理就是决策。上述各种关于管理的说法，只是从不同的角度或侧面阐释了管理的内容，或强调工作和生产方面，或强调人际关系方面，或强调决策的技术和方法方面，并没有从根本上揭示管理的全貌。纵观人类社会的管理实践，我们可以给管理下一个比较全面的定义，即管理是指通过一系列组织措施，为管理对象创造一种环境，使之在这种环境中能充分、合理地运用人、财、物、信息与时间等各种资源实现预期目标。

2.管理的特点

第一，管理具有明确的目标性。人类社会的一切管理工作都必须具有目标。管理的目标是一切管理活动的基本出发点和归宿。管理活动的计划、方案根据期望达成的目标而提出，而管理活动的成效也靠管理目标的实现程度来检验。没有目标，管理就失去了方向和评价的依据。

第二，管理是指导性工作，而不是替代性工作。管理者只能为被管理对象创造一种能顺利完成任务的环境与条件，即告知被管理对象该做什么、不该做什么、做到什么程度等，而不能替代被管理对象工作。如果被管理对象的积极性没有被调动起来，管理的作用没有得到发挥，即使管理者再辛苦，换来的也只是管理混乱的结果，无法实现预期的目标。

第三，管理是为达成预期目标而进行的一系列活动。管理的目标是通过对人、财、物、信息、时间、技术等资源的组织、协调、控制来达成的。这就揭示了管理的客体是人、财、物、信息、时间、技术等各种资源，管理是围绕这些客体所进行的一系列职能活动。

（二）管理学的含义及特点

1.管理学的含义

管理学是系统研究管理活动的基本规律和一般方法的科学。管理学是为了适应现代化大生产的需要而产生的。它的目的是研究在现在的条件下，如何通过合理地组织和配置人、财、物等因素，提高生产力的水平。管理学是研究管理现象及其发展规律的科学，是综合性的交叉学科。管理学的定义可以从以下几个方面来进行理解：

第一，管理学的研究与管理的本质是联系在一起的。

第二，管理学在研究和把握管理本质的前提下，也对管理的具体形态进行了研究。

第三，管理学以探索管理现象的发展规律作为自己的目标和任务。

第四，管理学是一门科学。

2.管理学的特点

管理学研究的是一般管理中共同的、带有规律性的原理和方法。了解管理学的特点，有助于人们正确认识管理学的性质，掌握管理学的学习方法和研究方法，并运用管理学的知识和方法开展管理实践。管理学的特点主要体现在以下五方面：

第一，管理学是一门边缘科学。管理学的研究涉及许多其他学科的知识，既有社会科学，也有自然科学。管理学既涉及生产力，又涉及生产关系和上层建筑，它与经济学、政治学、心理学、数学以及各种技术科学都有着密切的联系，是这些学科交叉渗透的产物。所以，管理学不同于一般文科，也不同于一般理科，而是文理交叉的学科。管理学的研究范围十分广泛，所涉及的学科也非常多，因此管理学是一门综合性的、多学科的边缘科学。

第二，管理学是一门软科学。人们把具有物质形态的技术称为"硬技术"或"硬科学"，把具有知识形态的技术称为"软技术"或"软科学"。而管理学是研究组织资源合理配置及利用的原理、程序和方法，以期达到组织的目标。因此，管理学是一门软科学。

第三，管理学是一门应用科学。科学的门类一般分为基础科学、技术科学和应用科学。基础科学是研究基础理论的，在自然科学方面包括物理学、化学、生物学等；在社会科学方面包括哲学、历史学、经济学等。技术科学偏重应用一些工具和方法来解决管理上的问题，如应用运筹学、统计学等进行定量分析。应用科学则是将基础理论和技术用于实践，解决应用理论和生产技术的矛盾。分析管理学的定义可知，管理学是一门应用科学。

第四，管理学是一门模糊科学。管理学的诞生仅有一百多年的历史，其中许多原理是建立在调查、访问、观察和归纳的基础上的，并没有经过严格的证明。另外，管理学还有许多未知的区域等待人们去研究，还有许多概念、观点等没有形成统一的定论。所以管理学是一门模糊科学。

第五，管理学是一门科学，更是一门艺术。管理学研究管理活动的一般规律，但在实践过程中，要根据具体的环境条件实施管理活动。管理者利用自身的知识、技能、方法和经验去解决各种复杂多变的管理问题，以取得最优的管理效果。这种创造性的管理活动，体现了管理学的艺术性。

（三）现代企业管理的概念及性质

现代企业管理是指企业管理者及企业员工按照现代社会化大生产的客观规律，对企业的生产经营活动进行决策、计划、组织、指挥、控制、协调、激励与创新，以达到企业预定目标的科学行为过程。企业管理是一个世界性和发展性的概念，它随着人类社会科学技术的进步和社会生产力的发展而不断变化。

从企业管理的产生与发展过程及其对企业生产经营的实际影响等方面进行分析，企业管理具有以下特殊的性质：

1.企业管理具有两重性

企业管理的两重性是指企业管理既有同生产力、社会化大生产相联系的自然属性，又有同生产关系和社会制度相联系的社会属性。

企业管理的自然属性取决于生产力的发展水平，它为一切社会化大生产所共有，而不取决于生产关系和社会制度的性质。因此，在企业管理中，有关合理组织社会化大生产的某些理论与方法，并不为某种社会制度所特有，而为所有社会化大生产所通用。另外，企业管理是服从生产资料所有者的利益和意志的，这是社会生产关系的体现。也就是说，它是由生产关系和社会制度所决定的，由此形成了企业管理的社会属性。对企业管理两重性的准确把握，是人们认识、学习和借鉴发达国家先进的、科学的管理经验与方法的指导思想，是研究、总结和发展我国企业管理经验的理论武器，因而对于建设我国现代企业管理体系有着重要的理论意义与实践意义。

2.企业管理具有科学性与艺术性

企业管理的科学性是指企业管理以反映管理客观规律的理论与方法为指导，有一套分析问题、解决问题的科学方法论。企业管理的艺术性是指企业管理具有很强的实践性，即强调企业管理活动除了要掌握必要的知识与方法外，还必须掌握灵活运用这些知识和方法的技能。

企业管理的科学性要求企业管理者注重对管理基本理论的学习和研究，遵循企业管理的一般规律，不断探索并形成企业管理的理论、方法与原则等。然而，这些理论、方法与原则不可能为企业管理者提供解决一切管理问题的标准答案。管理者必须从实际出发，具体情况具体分析，发挥自身的创造力。如果将管理的原理、方法当作教条，其管理的实践注定是失败的。这就要求管理者必须勤于实践，不断提高管理的艺术水平。

五、企业管理的基本原理

（一）系统原理和分工原理

1.系统原理

系统是由两个或两个以上相互区别又相互作用的要素组成的、具有特定功能的有机整体。一般来说，系统具有整体性、相关性、目的性、层次性、环境适应性等特点。系统本身又是它所从属的一个更大系统的组成部分。从管理的角度来看，系统具有以下基本特征：

第一，目的性。任何系统的存在都有一定的目的，为达到这一目的，系统必须具有其特定的结构与功能。

第二，整体性。任何系统都不是各个要素的简单集合，而是各个要素按照总体系统的同一目的、遵循一定规则而组成的有机整体。只有根据总体要求协调各要素之间的相互关系，才能使系统的整体功能达到最优。

第三，层次性。任何系统都是由分系统构成的，分系统又由子系统构成，最下层的子系统由组成该系统基础单元的各个部分组成。

第四，独立性。任何系统都不能脱离环境而孤立存在，其只能适应环境。只有既受环境影响，又不受环境左右而独立存在的系统，才是具有活力的系统。

2.分工原理

分工原理产生于系统原理之前，其基本思想是在承认企业及企业管理是一个可分的有机系统的前提下，对企业管理的各项职能与业务按照一定标准进行适当分类，并由相应的人员承担各类工作，这就是管理的分工原理。

分工原理适用范围广泛。从整个国民经济来说，可分为工业、农业、交通运输业、邮电业、商业等。从工业部门来说，可按产品进行分工，设立产品专业化车间；也可按工艺进行分工，设立工艺专业化车间。在工业企业内部还可按管理职能将企业管理业务分解为不同的类型，分别由相应的职能部门负责，从而提高管理工作的效率，使企业维持正常的运转状态。

分工是生产力发展的要求，分工的主要优点如下：

第一，分工可以提高劳动生产率。劳动分工让工人重复完成单项操作，从而提高其劳动的熟练程度和劳动生产率。

第二，分工可以减少工作损失时间。劳动分工使工人长时间地从事单一的工作项目，中间无须或较少变换工作，从而减少了工作损失时间。

第三，分工有利于技术革新。劳动分工可以简化劳动活动，使劳动者的注意力集中在特定的对象上，有利于劳动者创造工具和改进设备。

第四，分工有利于加强管理，提高管理工作效率。在将管理业务从生产现场分离出来之后，随着现代科学技术和生产力的不断发展，管理业务也得到了进一步的划分，并成立了相应的职能部门，配备了有关专业人员，从而提高了管理工作效率。

分工要讲究实效，要根据实际情况进行认真分析，实事求是。一般企业内部分工既要职责分明，又要团结协作，在分工协作的同时要注意建立必要的制约关系。分工不宜过细，界限必须清楚，这样才能避免出现相互推诿等现象。在专业分工的前提下，按岗位要求配备相应的技术人员，是保证企业产品质量和工作质量的重要措施。在做好劳动分工的同时，企业还要注意加强对员工的技术培训，以适应因新技术、新方法的出现而产生的新要求。

（二）弹性原理和效益原理

1.弹性原理

弹性原理是指企业为了达到一定的经营目标，在企业外部环境或内部条件发生变化时，有能力适应这种变化，并在管理上所表现出的灵活的可调节性。现代企业是国民经济系统中的一个系统，它的投入与生产都离不开国民经济这个系统。其所需要的生产要素由国民经济各个部门向其投入，其所生产的产品又要向其他部门输出。可见，国民经济系统是企业系统的外部环境，是企业不可控制的因素，而企业内部条件则是企业本身可以控制的因素。当企业外部环境发生变化时，企业可以通过改变内部条件来适应这种变化，以保证其达到既定的经营目标。

弹性原理在管理中的应用范围很广，如仓储管理中保险储备量的设定、新产品开发中的技术储备、劳动管理中弹性工作时间的应用等，并取得了较好的效果。

2.效益原理

效益原理是指企业通过加强管理工作，以尽量少的劳动消耗和资金，生产出尽可能多的符合社会需要的产品，不断提高企业的经济效益和社会效益。

提高经济效益是社会主义经济发展规律的客观要求，是每个企业的基本职责。企业在生产经营管理过程中，一方面要努力降低消耗，节约成本；另一方面要努力生产适销对路的产品，保证产品质量，增加产品附加值。企业要从节约和增产两个方面提高企业的经济效益，以求得企业的生存与发展。

企业在提高经济效益的同时，也要注意提高社会效益。经济效益与社会效益是一致的，但有时也会发生矛盾。在一般情况下，企业应从大局出发，在保证社会效益的前提下，最大限度地追求经济效益。

（三）激励原理和动态原理

1.激励原理

激励原理是指通过科学的管理方法激励人的内在潜力，使每个人都能在企业中尽其所能，展其所长，为完成企业规定的目标而自觉、努力、勤奋地工作。

人是生产力要素中最活跃的因素。创造团结、和谐的工作环境，满足企业员工不同层次的需求，正确运用奖惩手段，实行合理的按劳分配制度，开展不同形式的劳动竞赛等，都是激励原理的具体应用，都能较好地激发员工的劳动热情，调动员工的工作积极性，从而达到提高工作效率的目的。

激励理论主要包括需要层次理论、期望理论等。严格地说，激励有两种模式，即正激励和负激励。对工作业绩有贡献的个人实行奖励，在更大程度上调动其积极性，使其完成更艰巨的任务，属于正激励；对因个人问题而导致工作失误且造成一定损失的个人进行惩罚，迫使其吸取经验教训，做好工作，完成任务，属于负激励。在管理实践中，企业按照公平、公正、公开、合理的原则，正确运用这两种激励模式，可以更好地调动员工的积极性，激发员工的工作热情，充分挖掘员工的潜力，从而使员工把工作做得更好。

2.动态原理

动态原理是指企业管理系统随着企业内外部环境的变化而不断更新自己的经营观念、经营方针和经营目标。为达到此目的，管理者必须相应地改变管理方法和手段，使其与企业的经营目标相适应。企业发展与进步的关键在于管理的更新。企业既要根据经营环境的变化，适时地变更自己的经营方针，又要保持管理上的适当稳定，因为相对稳定的管理秩序是企业进行高质量管理的基础。

（四）创新原理和可持续发展原理

1.创新原理

创新原理是指企业为实现总体战略目标，在生产经营过程中，根据内外部环境变化的实际情况，以科学的态度创造具有自身特色的新思想、新思路、新经验、新方法、新技术，并加以组织实施。

企业创新一般包括产品创新、技术创新、市场创新、组织创新和管理方法创新等。产品创新主要是提高质量，扩大规模，创立名牌；技术创新主要是加大科学技术研究力度，不断开发新产品，提高技术水平和员工队伍素质；市场创新主要是加强市场调查研究，提高产品市场占有率，努力开拓新市场；组织创新主要是切合企业发展的需要，调整企业的组织结构；管理方法创新主要是企业生产经营过程中的具体管理技术和管理方法的创新。

2.可持续发展原理

可持续发展原理是指企业在整个生命周期内，要随时注意调整自己的经营战略，以适应变化的外界环境，从而使企业始终处于兴旺发达的发展阶段。现代企业追求的目标不是企业一时的获利，而是企业长久的发展。这就需要企业管理者按照可持续发展的原理，全面考虑企业资源的合理安排，既要保证近期利益的获取，又要保证后续事业的蓬勃发展。

第二节 企业管理的产生与发展

企业管理是社会化大生产发展的客观要求和必然产物。社会生产发展到一定阶段，规模较大的共同劳动或多或少地需要指挥以协调个人的活动。通过对整个劳动过程的监督和调节，个人的活动服从生产总体的要求，以保证整个劳动过程按照预定目标正常进行。尤其是在科学技术高度发达、产品日新月异、市场瞬息万变的现代社会中，企业管理就显得更加重要。

一、企业管理的产生

管理的历史与人类社会的历史一样久远，自人类有共同劳动时就有了管理。而企业管理却是在资本主义工厂制度出现以后，为适应资本主义生产发展的需要而产生并逐步发展起来的。

在资本主义生产方式产生之前的个体劳动条件下，劳动者只要具备简单的劳动工具就可以进行生产。至于生产什么、如何生产、生产多少，都由自己决定，自己管理自己。但是，个人的力量是有限的，无法同大自然斗争，于是便出现了集体劳动。而集体力量的发挥，则有赖于分工和协作，有赖于管理，就像一个乐队需要一个指挥一样。于是，便有了管理的萌芽。也就是说，管理是由共同劳动产生的。但是，在这一时期，管理还没有成为一种普遍的社会现象。

在工业革命以后，资本主义大工业生产逐步替代了手工生产，由少数人使用工具变成了大多数人使用工具。在手工劳动条件下，一件产品由一个工人完成；在机器大工业条件下，一件产品由多个工人分工协作完成。为了协调与指挥众多工人从事劳动，企业管理便产生了。

二、企业管理的发展

企业管理最初产生于资本主义社会。随着商品经济、社会化大生产以及科学技术的飞速发展，企业管理的内容日益丰富。企业管理的发展过程一般可分为传统管理阶段、科学管理阶段和现代管理阶段。

（一）传统管理阶段

传统管理阶段从 18 世纪末起到 20 世纪初止，即从资本主义工厂制度产生起到资本主义自由竞争结束为止，经历了 100 多年时间。

当时的管理主要是为了解决分工协作的问题，以保证生产的顺利进行，并充分利用各种资源，减少各种资源消耗，赚取更多利润。因此，生产管理、工资管理、成本管理是当时企业管理的主要内容。

这一时期管理的特点是：管理主要依据个人经验和感觉，没有科学的管理制度，工人和管理人员的培养靠的是师傅带徒弟的方式，把工人看成"经济人"。

（二）科学管理阶段

科学管理阶段从 20 世纪初起到 20 世纪 40 年代止，经历了约半个世纪。在 20 世纪初，美国的工业资本出现了迅速集中的趋势。在激烈的竞争中，中小企业纷纷倒闭，大企业不断涌现，资本主义由自由竞争开始逐步向垄断过渡。随着企业规模的不断扩大，生产技术水平不断提高，分工协作也更加细化，传统"家长式"的凭个人经验管理企业的方式已经不能适应新时代的要求，科学管理应运而生。

1.泰勒的科学管理理论

美国著名管理学家弗雷德里克·温斯洛·泰勒（以下简称"泰勒"）是科学管理的创始人，被称为"科学管理之父"。泰勒当过学徒工、技工、车间主任、总工程师，最后成为总经理。这一特殊的经历使他有可能在工厂的生产第一线系统地研究劳动组织与生产管理问题。他做过许多科学管理的实验，其中有三项著名的实验：

第一项实验是搬运生铁。当时，每个工人平均每天搬运 12.5 吨生铁。泰勒对工人搬运生铁的动作和方法进行了研究，挑选了一个工人来进行实验，并亲自加以指导，这个工人在第一天下午就搬运了 47.5 吨生铁，大大提高了劳动效率。

第二项实验是铁砂和煤炭的铲料工作。以前，铲料工人自己备铲子，但是他们的铲子不标准，用以铲铁，每铲重量太大；用以铲煤，每铲重量又不足。泰勒经过实验发现，当平均每铲重量约为 0.45 千克时，铲料工作量最大。因此，泰勒专门设计了 10 多种不同形状的铲子，由公司统一制造，给工人使用，大大提高了工作效率。

第三项实验是金属切削实验。过去切削加工没有标准的加工工艺规程，只靠师傅带徒弟，凭经验进行加工。泰勒对切削加工的方法进行了实验，制定了各种操作加工的标准，要求工人按照标准进行加工，大大提高了产品质量。

通过这些实验，泰勒总结了管理原理和方法，并于 1911 年出版了《科学管理原理》一书。这是资本主义世界最早的一部科学管理著作，也是企业管理从经验管理向科学管理过渡的标志。泰勒在书中全面、系统地论述了管理原理和方法，建立了自己的体系，后人称之为"泰勒制"。

泰勒制的主要内容包括以下几个方面：

第一，工作方法的标准化。企业通过分析和研究工人的操作（动作），总结出高效率的标准工作法。为了使工人完成较高的工作定额，除了使其掌握标准工作法以外，还必须把工人使用的工具、机器、材料以及作业环境加以标准化，如前面提到的铁砂和煤炭的铲料工作实验。

第二，工时的科学利用。企业通过对工人工时消耗的研究，制定出合理的操作标准时间，规定劳动的时间定额，并将其作为安排工人任务、考核其劳动效率的标准。

第三，按照标准操作法对工人进行培训，以替代师傅带徒弟的传统方法，如前面提到的金属切削实验。

第四，实行有差别的计件工资制。对完成定额任务的工人，发放较高的工资，以激励工人积极工作。

第五，明确计划职能与作业职能。计划职能人员负责管理，作业职能人员即工人负责操作。

泰勒对企业管理的最大贡献是：他主张一切管理问题都应该用科学的方法加以研究解决，使个人经验上升为科学管理方法，开创了科学管理的新阶段。

与泰勒同时代的、对科学管理做出重大贡献的还有一些代表人物。例如，美国的吉尔布雷斯夫妇在时间和动作研究方面做出了重大贡献；美国的亨利·劳伦斯·甘特发明了运用线条图制订生产作业计划和控制计划的管理方法，这种线条图被称为"甘特图"；美国的亨利·福特创立了汽车工业的生产流水线，为生产自动化创造了条件，此模式被称为"福特制"。

2.法约尔的组织管理理论

法国管理学家亨利·法约尔（以下简称"法约尔"）同泰勒一样都是工程师，但两人的经历不同。泰勒后期主要从事工程技术工作，所以他的管理理论主要是面向车间（生产管理）的。法约尔曾经担任法国一家矿业公司的总经理，因此他的研究侧重于企业全面的生产经营管理。他认为自己的理论不仅可以应用于企业，也可以应用于军政机关。他的管理理论主要包含在1925年出版的《工业管理与一般管理》一书中。法约尔的管理理论主要包括经营的六种活动、管理的五个职能和管理的十四条原则。

法约尔将企业的经营活动分为六个方面：技术活动、商业活动、财务活动、安全活动、会计活动、管理活动。这六种活动是企业中各级人员都具有的，只不过由于职务高低不同而各有侧重。在此基础上，法约尔进一步提出了管理活动的五个职能：计划、组织、指挥、协调、控制。

法约尔还总结了实际工作经验，提出了有关管理的十四条原则：分工、权限和责任、纪律、命令的统一性、指挥的统一性、个别利益服从整体利益、合理报酬、中央集权、等级系列、秩序、公平、保持人员稳定、首创精神、集体精神。

3.梅奥的人际关系理论

人际关系理论始于20世纪20年代，其代表人物是美国哈佛大学教授乔治·埃尔顿·梅奥（以下简称"梅奥"）。他主持了著名的"霍桑实验"。

霍桑是美国西方电器公司的一个制造工厂，位于美国芝加哥郊外。在20世纪20年代，霍桑工厂已经具有较完善的娱乐设施、医疗制度和养老金制度等，但工人仍愤愤不平，生产情况也不理想。为了寻找其原因，1924年11月，美国科学院组织了一个包括有关方面专家在内的研究小组，到霍桑工厂研究工作条件与劳动效率之间的关系。他们进行了多次实验，其中一个主要实验是"照明度实验"，这是霍桑实验的第一阶段。实验的目的是检验照明度等物质条件与劳动效率之间有没有因果关系。实验进行了近三年，最终研究人员发现物质条件与劳动效率之间并没有多大的联系。

1927 年，梅奥组织了一批哈佛大学的教授，会同西方电器公司人员组成了新的研究实验小组，继续进行实验。研究人员将原来在车间工作的工人转移到特设的实验室进行实验。他们在分析前一次实验的基础上，选择了增加休息时间、缩短工作时间、改进工资支付方式等实验内容。

研究人员发现，在实验室里工作的工人的生产效率与原来相比都有所提高，但是这种生产效率的提高与物质条件的改善、休息时间的增加、工作时间的缩短等没有直接的联系。工人也说不清楚自己生产效率提高的原因，只是感觉在实验室里工作，由于没有工头的监督，工作自由了；知道自己是一项重要实验的成员，并与研究小组成员建立了良好的关系；利用休息时间，工人之间也增加了接触，产生了一种团结互助的感情。于是，研究人员得出结论：管理方法的改进使工人之间的关系得到改善，从而使其生产效率有所提高。

在实验时，研究人员发现工人中似乎有一种"非正式组织"在起作用，于是又安排了另外一项实验，即电话交换机的布线小组实验。这个小组有 14 名工人，根据小组集体产量计算工资。根据小组的分析，就工人的生产能力来看，他们都有可能超过自己目前的实际产量。但是在实验过程中，经过几个月的观察，发现小组产量总是维持在一定的水平。经过仔细分析，研究人员发现组内存在一种"默契"，即有一种无形的压力限制着每个人突破生产纪录。当有人超过日产量时，旁边就会有人给他暗示。例如，公司给每个人定的标准是一天焊 7312 个接点，可是每个工人都把自己的产量限制在低于 7312 个接点的水平上，他们自己制定了一个产量标准：6000～6600 个。谁超过这个标准，就会受到小组内其他工人的冷遇、讽刺或打击。当他们已经完成小组定额时，工人会在下班前就停止工作。这种"非正式组织"有自己的行为规范，还存在自然的群众领袖人物。

在进行上述实验的同时，梅奥等人又组织了一个遍及全厂的关于"士气"

的调查。他们前后花了三年多的时间对全厂约两万名职工进行了访问谈话，以了解工人对工作环境、监工以及公司的看法。结果发现，工人很乐意谈他们想谈的一切，而且工人发泄了心中的闷气后，也感到高兴。结果，工人对生产的态度也有了改变，产量也提高了。

就"霍桑实验"及访谈的结果进行总结，研究人员得出了与科学管理理论不同的新观点。梅奥在1933年出版的《工业文明的人类问题》一书中正式提出了人际关系理论，其主要内容如下：

第一，传统的科学管理理论把人当作"经济人"看待，而梅奥等人认为工人不仅是"经济人"，而且是"社会人"。影响工人生产积极性的，除了物质利益等经济因素以外，还有社会和心理的因素。因此，不应该把工人当作"机器"，而应该将其作为"社会人"加以尊重。

第二，传统的科学管理理论认为生产效率单纯地受工作方法和工作条件的影响，因而在管理上只强调工作方法的科学化、劳动组织的专业化，以及作业程序的标准化。总之，传统管理是以"事"为中心的。而梅奥的人际关系理论认为，生产效率的提高主要取决于工人的"士气"，只要满足工人的社会心理需求，改变工人的态度，就会提高生产效率。

第三，企业中存在"非正式组织"。"非正式组织"的存在对企业管理者提出了新的要求：要注意倾听工人的意见，与工人进行沟通；要使正式组织的经济目标与"非正式组织"的社会需求取得平衡。企业管理者不仅要善于了解工人合乎逻辑的行为，而且要了解工人不合逻辑的行为（如情绪等）。

（三）现代管理阶段

现代管理阶段大体是从20世纪40年代开始一直到现在。第二次世界大战以后，西方经济发展出现了许多新变化，现代科学技术发展速度加快，技术更新周期和产品更新换代周期大大缩短，企业规模不断扩大，生产的专业化、协作化进一步加强，生产的社会化程度提高，而且出现了经营国际化的趋势，竞争异常激烈。这些变化使企业管理工作变得更加复杂，对企业管理提出了更高的要求。为了适应这种要求，现代企业管理的理论和方法逐渐形成并发展起来，主要包括以下学派：

1.社会系统学派

社会系统学派从社会学的角度研究管理，其代表人物是美国管理学家切斯特·I.巴纳德（以下简称"巴纳德"），代表作是《经理人员的职能》。巴纳德认为，社会的各级组织是一个协作系统，是由相互协调的个人组成的协作系统。这些系统不论其级别高低和规模大小，都包含协作的意愿、共同的目标、信息的联系三个基本要素。组织中的管理人员是这个协作系统的中心人物，其在组织中起着相互协调、相互联系的作用，使组织能够顺利运转，从而实现组织目标。

2.系统管理理论学派

系统管理理论学派与社会系统学派同属于系统学派，其把系统论的观点用于研究企业的管理活动，主要代表人物有弗里蒙特·E.卡斯特和詹姆斯·E.罗森茨韦克，他们的代表作是《组织与管理——系统方法与权变方法》。该学派主张用系统或整体的观点来看待企业管理，把企业看作一个人造系统，同周围环境保持着动态的相互作用，是一个开放的系统。用系统的观点来管理企业能够提高企业整体的经营效率。

3.决策理论学派

决策理论学派是以社会系统学派的理论为基础，吸收行为科学理论、系统论、运筹学和电子计算机技术而发展起来的一个学派。代表人物是获得1978年诺贝尔经济学奖的美国管理学家赫伯特·A.西蒙，其代表作是1960年出版的《管理决策新科学》。

4.经验主义学派

经验主义学派的代表人物是美国的彼得·F.德鲁克，其代表作是《管理的实践》。经验主义学派认为，传统的管理理论都不能适应企业发展的实际需要，企业管理应该从实际出发，以大企业的管理经验为研究对象，把这些经验上升为理论，或者将这些经验直接传授给实际工作者，向他们提出有益的建议。

5.权变理论学派

权变理论学派是从 20 世纪 70 年代开始发展起来的，其代表人物是英国管理学家琼·伍德沃德等人。该学派认为，在企业管理中，不存在适应一切情况的、一成不变的"最好方式"，管理模式和方法应该随着企业内外部环境的变化而灵活变化。

6.行为科学学派

行为科学学派产生于 20 世纪 30 年代。泰勒的科学管理理论对提高劳动生产率起到了重要作用，但同时也加重了企业对工人的剥削，激起了工人的反抗，劳资矛盾日益尖锐。因此，一些学者认为单纯地采用泰勒制不能对企业有效地进行管理，必须考虑人的因素，处理好人际关系。在这种情况下，行为科学理论应运而生。

第三节 企业管理的特征与职能

随着我国社会主义市场经济体制的持续完善和全球经济一体化进程的加快，企业面临着日益复杂的市场竞争环境。市场条件呈现出复杂的趋势，企业生产管理面临的不确定性和风险性因素相较之前也更复杂。在这方面，企业对于管理的要求比之前严格得多。熟悉企业管理的特征与职能，可使企业提高自身管理能力，更好地适应复杂的竞争环境。

一、企业管理的特征

企业管理不同于一般的管理，有其自身的特征，具体如下：

（一）企业管理是一种文化现象和社会现象

企业管理是一种文化现象和社会现象，这种现象的存在必须具备两个条件：两个人以上的集体活动和一致认可的目标。在人类的社会生产活动中，多人组织起来并进行分工，会达到个人单独活动所不能达到的效果。只要是多人共同活动，就需要通过制订计划、确定目标等来实现协作，这就需要进行管理。因此，管理活动存在于组织活动中，或者说管理的载体是组织。

组织的类型、形式和规模可能千差万别，但其内部都含有五个基本要素，即人（管理的主体和客体）、物（管理的客体、手段和条件）、信息（管理的客体、媒介和依据）、机构（反映管理的分工关系和管理的方式）、目的（表明为什么要有这个组织）。外部环境对于组织的效果与效率有很大影响，一般包括行业、原材料供应、财政资源、产品市场、技术、经济形势、社会文化等要素。一般认为，组织的内部要素是可以控制的，组织的外部要素是部分可以控制（如产品市场）、部分不可以控制（如国家政策）的。

（二）企业管理的主体是管理者

管理是让别人和自己一同去实现既定的目标，管理者要对管理的效果负主要责任。管理者的第一个责任是管理组织，第二个责任是管理管理者，第三个责任是管理工作和工人。

企业管理者在企业的生产活动中处于领导地位，具有特殊的重要作用。他们独立于企业的资本所有者，自主地从事企业经营活动，是企业的最高决策者和各项经营活动的统一领导者。其职能如下：

第一，确定企业的目标与计划。企业管理都有其既定的最终目标。在一定时期内，为了实现企业的目标，就要使目标具体化，形成企业的经营目标。企业的经营目标可分为长期目标与短期目标、总体目标与部门目标。企业经营者通过确立企业的目标和计划来统一企业全体成员的思想和行动，引导企业通过最有利的途径来实现其既定的目标。

作为企业经营者来说，要正确制订企业的经营计划，必须正确分析和判断企业的各种环境因素，善于估量市场的需求趋势、竞争企业的特点以及企业自身的优势和劣势，及时抓住有利的投资机会，巧妙地规避可能出现的风险，并善于利用企业各级管理人员的经验和智慧，做出最佳决策。

第二，建立和健全企业的组织机构。建立和健全企业的组织机构，充分发挥其各自作用，并保证企业整体实现最大的效率，是达成企业目标的手段。因此，任何企业的组织机构都必须适应企业目标或任务的需要，而且要不断地健全和完善。

第三，配备专业的企业管理人员。企业经营者必须充分重视人才的质量。首先，要重视人才的选拔；其次，必须重视人才的考核与评价，因为这是人才选拔、晋升、确定报酬和奖励的依据，否则容易挫伤员工的工作积极性，此项工作必须经常化；最后，必须充分重视对人才的培训，这是人才选拔、晋升的可靠基础。

第四，实现对企业全局的有效领导。一个优秀的经营者必须同时是一个优秀的领导者，这就要求经营者学会运用诱因去激发员工的行为动机，使其心甘情愿、满腔热情地为企业的共同目标而努力。

第五，实现对企业经营全局的有效控制。企业经营者在确定企业的目标和计划后，就要发动和指挥企业全体成员去执行这些既定的目标和计划。其控制的职能就在于保证人们的执行活动始终不会偏离目标和计划的要求，从而保证目标得以顺利实现。

第六，实现对企业整体经营的有效协调。企业的经营活动是由众多相互联系的部门、环节和因素构成的统一体，在客观上存在一定的相互关系。在经营过程中，有可能出现这样或那样的矛盾，使这种相互关系出现不协调的情况。企业经营者的协调职能就是要设法解决这些矛盾，保证企业的生产活动始终处于协调状态，从而保证企业预期目标的顺利实现。

二、企业管理的职能

职能是指人、事物、机构所应有的作用。人的职能是指在一定职位的人完成其工作的能力；事物的职能一般指事物的功能；机构的职能一般包括机构所承担的职权、作用等。管理职能是指主管这样的特定职位，如基层主管、中层主管或高层管理人员等所需具备的与工作相关的特定职务能力。企业管理的基本职能是指企业的管理机构和管理人员在企业的生产经营活动中所发挥的专职管理效能。企业管理的基本职能具体可分为决策、计划、组织、指挥、控制和激励等职能，现简要介绍如下：

（一）决策职能

决策是管理者为了实现某个目标，依据相关信息和权威而做出的关于资源配置和行动方案的决定。决策者往往遵循的是满意原则，而不是最优原则。决策的依据是信息和权威。

（二）计划职能

1.计划的概念

计划是对决策所确定的任务和目标提供一种合理的实现方案，也可以理解为关于行动方向、内容和方式安排的管理文件。对于企业来说，"任务""目标""行动"的内涵往往是指企业的经营活动。

2.计划的性质

计划往往包括以下几种性质：一是计划工作服务于组织目标的实现；二是计划工作是管理活动的基础和桥梁；三是计划工作具有普遍性和秩序性；四是计划工作具有经济性（有效性与效率）。

3.计划的类型

计划可以分为以下几种类型：一是长期计划和短期计划；二是综合计划与

专业计划；三是战略计划与战术（策略）计划；四是具体计划（指令性计划）与指导计划；五是程序计划与非程序计划。

4.计划的编制过程

计划的编制过程如下：

第一，确定目标，决策过程的输出。

第二，认清现状，分析内部能力和外部环境。

第三，研究过去，对历史资料进行定性和定量的分析。

第四，预测和确定计划的重要前提条件，确定边界约束条件。

第五，拟订和选择可行的行动方案。

第六，制订主体计划。

第七，制订派生计划。

第八，制定预算，用预算使计划数据化、经济化。

（三）组织职能

1.组织的含义

组织是两个以上的人在一起为实现某个共同目标而协同行动的集合体。它一般具有三层含义：

第一，组织是一个法人单位（名词含义）。

第二，组织是一个行为过程（动词含义），如组织起来。

第三，组织是一个单位的组织体系。

2.组织的设计

组织设计是指编制构建一个组织体系的预期方案，包括设计组织的结构，设计组织中各部门的职能和职权，确定参谋职权、直线职权的活动范围（边界定义），编制职务说明书。其具体内容如下：

第一，职能与职务的分析与设计。

第二，部门设计。

第三，组织的层级与结构设计。

第四，配套运行制度设计。

3.组织的类型

组织可以分为以下几类：一是正式组织与非正式组织；二是实体组织与虚拟组织；三是机械式组织与有机式组织。

4.组织的层级化

组织的层级化包括层级结构、管理幅度、集权、分权和授权。

第一，组织的层级结构决定了组织运行的可靠性特征，层级越多，组织运行越可靠，但效率越低。

第二，组织的管理幅度决定了组织运行的效率性特征，幅度越宽，组织运行的效率越高，但可靠性越低。

第三，组织的集权，即决策指挥权集中于组织的较高层次，下级只有服从和执行的义务，如计划经济。

第四，组织的分权，即组织高层将一部分决策指挥权和相应责任分配给下级，往往是一个制度安排。

第五，组织的授权，即权力与责任分离，责任主体不变，把权力委托给他人，对于授权人而言具有一定的责任风险。授权往往是委托人和受托人之间的行为，不一定需要制度安排。

5.组织结构的类型

组织结构可以分为以下几种类型：

第一，直线制组织结构（单一的行政等级系列）。

第二，职能制组织结构（增加管理职能部门）。

第三，直线职能制组织结构。

第四，事业部制组织结构（按产品划分组织单元）。

第五，矩阵制组织结构。

6.组织结构的创新

组织结构的创新可以从以下几个方面进行：

第一，组织结构扁平化（追求效率，牺牲可靠性）。

第二，学习型组织结构。

第三，网络化组织结构（虚拟组织结构）。

（四）指挥职能

指挥是通过下达计划、指令等来调度下属组织和人员，以便有效地指导和推动其实现计划目标的活动。指挥凭借权力和权威使下属服从，是在复杂情况下汇聚必要力量实现确定目标的主要条件。

实施指挥职能要确保指挥的有效性，要建立统一、高效的指挥系统；要在充分了解情况的基础上，按照实际情况进行决策，使指挥具有科学性。下级对上级要做到"有令则行，有禁则止"，维护上级的权威性，自觉服从上级指挥。同时，领导者在指挥过程中也应适当配以说服、激励等方式，使下级更加心悦诚服。另外，在企业管理中并非事事时时都需要指挥，小权分散，分工负责。领导当参谋，有时能够更充分地调动各方面的积极性和主动性，使企业的经营管理活动开展得更有成效。

（五）控制职能

1.控制的概念

控制是指企业管理者保证实际业务活动与计划相一致的过程，是确定标准、执行标准、衡量执行情况并采取措施努力纠正偏差的一系列工作。

2.控制与计划的关系

控制与计划相互联系、密不可分。

第一，计划为控制提供衡量的标准。

第二，计划和控制的效果分别依赖于对方。

第三，有效的控制方法包含有效的计划方法。

第四，计划本身需要控制，控制本身也需要计划。

3.控制的基础与前提

计划、组织结构和信息是控制的基础和前提。

第一，控制要有明确和完整的计划（目标和标准）。

第二，控制要有明确的组织结构（职能和责任明确）。

第三，控制要依据有效的信息。

4.控制的重要性

控制具有非常重要的作用，主要表现为以下几点：

第一，控制是组织适应环境的重要保障。

第二，控制是提高管理水平的有效手段。

第三，控制是增强员工责任心的重要手段。

5.控制的过程

控制的过程包括以下几点：一是确定控制标准；二是衡量实际工作绩效；三是将实际工作绩效与标准进行比较（分析偏差）；四是采取措施纠正偏差。

6.控制的典型领域

控制的典型领域包括生产控制、成本控制、质量控制、财务控制、库存控制、人员控制。

（六）激励职能

1.激励的概念

激励是指通过影响人们的内在需求或动机来引导、维持和加强行为的活动或过程，其实质是对人积极性的激发与鼓励。

2.激励的机制

第一，"需要"是积极性的本源。

第二，"认识"是积极性的调控器。

第三，环境对积极性有制约或促进作用。

第四，行为的效果对积极性有强化作用。

3.主要的激励理论

第一，内容型激励理论包括美国著名心理学家亚伯拉罕·哈洛德·马斯洛的需求层次理论、美国心理学家弗雷德里克·赫茨伯格的双因素理论、美国社会心理学家戴维·C.麦克利兰的成就动机理论。

第二，过程型激励理论包括美国管理心理学家 J.斯塔西·亚当斯的公平（社会比较）理论、北美著名心理学家和行为科学家维克托·H.弗鲁姆的期望理论。

第三，行为改造型激励理论包括强化理论、归因理论和挫折理论。

激励除了技术性的方法外，还包括：关心和爱护员工，维护员工的自尊心；留意并及时肯定员工的长处，理解并保护员工的创造热情，通过民主形式激发员工的主人翁精神；平时通过有效的思想教育让员工了解工作的意义，时刻鼓励员工，使员工看到前途并树立信心；对员工进行适当的精神奖励，给予必要的物质奖励，必要时给予重奖，让他们自觉行动，充分发挥自己的主动性和聪明才智。运用激励职能要注意把思想激励与物质激励结合起来，把解决思想问题和解决实际问题结合起来，把耐心的思想教育和严格的组织纪律结合起来。

企业管理的各项职能是一个有机的整体。通过决策和计划职能，明确企业的目标和方向；通过组织职能，建立实现企业目标的手段；通过指挥职能，建立正常的生产经营秩序；通过控制职能，检查计划的实施情况，保证计划的顺利落实；通过激励职能，激发员工的自觉精神。各项职能相互联系、相互渗透、相互制约，共同保证管理的协调性。科学而及时的决策和计划，统一而权威的组织与指挥，适时而有的放矢的激励与控制，是管理活动富有生机、协调而高效的体现，也是管理目标得以实现的保证。

第四节 企业管理中存在的问题与解决路径

我国目前正处在一个变革时期：一方面，我国经济与世界经济逐渐走向融合，全球化进程加快；另一方面，我国企业与国外企业之间的竞争也日趋激烈。为了在竞争中占据有利地位，我国企业必须加强管理，这对企业管理提出了新的要求。要适应现代企业管理的发展变化趋势，企业不仅要提高企业管理水平，更要创新企业管理方式，解决发展中遇到的问题。现代企业管理基本涵盖了企业内部运作中的各个方面，是一个非常宽泛的概念。按照管理对象划分，企业管理包括资金管理、人力资源管理、存货管理、市场管理等；按照职能或者业务功能划分，企业管理包括生产管理、销售管理、质量管理、财务管理、税务管理、信息管理等；按照层次划分，企业管理包括经营层面管理、业务层面管理、决策层面管理、执行层面管理等。如果企业管理水平提升速度跟不上市场环境变化和企业规模发展速度，可能会导致企业管理失效，使企业难以为继。

因此，本节从提升企业自身管理能力入手，分析我国企业发展面临的主要问题，并提出解决路径，以促使我国企业提高管理能力，实现健康发展。

一、企业管理中存在的问题

（一）企业资金管理中存在的问题

资金是企业的立身之本、发展之源，是企业维持可持续经营的重要基础。企业需要深刻认识到资金管理的重要性，加强资金管理，从而为企业可持续发展创造有利条件。当今企业资金管理中存在以下问题：

第一，企业资金管理内部控制制度不完善。企业缺乏整体的资金防控意识，很多企业在投融资决策方面具有较大的盲目性，造成资金浪费。一些企业没有建立健全的风险防控体系和问责制度，融资面也比较窄，存在"融资难"等问题。

第二，企业资金管理缺乏科学性。一些企业在设计和安排资金管理时，没有注重管理的科学性，导致其资金管理水平较低，在管理过程中存在很多漏洞。

第三，企业资金管理缺乏规划性。一些企业的管理层没有认识到资金管理的重要性，没有按照以销定产、以产定购的顺序安排和实施资金使用规划，导致其资金出现不足或者闲置的情况，资金使用效率下降。

第四，企业资金管理缺乏创新性。企业的资金管理要想取得较好的效果，就应该对资金管理方式进行创新。目前的一些企业在资金管理方式创新方面较为薄弱，导致其资金管理的效能化水平低，无法提高资金利用率。

第五，企业资金管理监控体系不完善。企业对于资金的有效管控需要依托完善的监控体系来实现，要将监控工作深入企业日常业务的资金管理中，以此来降低资金管理不善带来的风险。

（二）企业人力资源管理中存在的问题

企业人力资源管理中存在的问题集中体现在以下几个方面：

第一，企业没有清楚地认识到人力资源管理的重要性。很多企业受自身局限性的影响，在实际发展过程中往往更为注重将有限的资源投入产品的开发、生产以及销售等各个方面，所追求的是利润以及有形资产的增加，忽略了人力资源管理的重要价值和作用。

第二，企业实施人力资源管理有困难。一些企业的发展规模较小，财力有限，采用家族式管理模式，导致企业在进行人才选用时存在一定的弊端，进而导致企业人力资源管理策略难以推行和实施。

第三，企业未能建立健全的培训机制。一些企业在员工的培训工作方面给予的投资力度不足，同时培训工作缺乏连贯性与系统性，导致企业员工的各项能力及素质提升缓慢，对企业自身的生产经营效率产生不利影响。

第四，企业缺乏有效的绩效考核和激励体系。一些企业不注重薪酬分配的公平性，缺乏完善的薪酬体系，存在不合理分配的现象；同时绩效考核占比不合理，主要是考核出勤和纪律等，不利于提高员工的工作积极性。

第五，企业人力资源管理组织架构的系统性不足。一些企业在人力资源规划方面重视不足，难以有效协调其人力资源管理体系。企业的人力资源部门通常只关注自身工作，缺乏全盘战略眼光，事务性工作居多。企业内部人力资源管理的组织架构缺乏系统性。

（三）企业存货管理中存在的问题

在企业中，存货是非常重要的资产。存货管理不但直接影响到企业的经营收益，还会影响到企业资金的流动性和企业整体的经营运作，是企业管理中非常重要的环节。因此，怎样提高存货的管理效率，值得当前广大企业管理者进行深入思考。企业存货管理中存在的问题集中体现在以下几个方面：

第一，企业存货管理理念落后。一些企业管理者对于存货管理重视不够，存货管理模式停留在传统的账表管理上，无法对存货状态进行全程化、动态化的监管，使企业生产环节及仓储、销售等环节出现衔接不畅的现象，影响存货管理效率。

第二，企业存货管理流程繁杂。在存货管理中，盘点是重要的流程之一，也是做好存货管理的关键环节。科学、准确、有序的盘点工作，可避免出现账实不符的问题。一些企业在存货盘点上，程序相对烦琐，耗时耗力，增加了账实不符情况发生的概率，增加了存货管理成本。

第三，企业存货管理配套机制缺失。存货管理的配套机制不到位具体表现在以下几个方面：一是存货的采购管理制度不完善，制度执行不到位；二是存货收发管理的内部控制失效，职务不能有效分离，造成有人徇私舞弊，侵吞企业资产；三是存货的盘点管理制度不够合理，加大漏盘、错盘、重复盘点的风险；四是存货内部控制考核制度不够健全。

第四，企业存货管理信息化手段落后。一些企业的管理架构本身不够完善，有的企业甚至处于零信息化的存货管理状态。这些企业主要以手工方式记录存货的明细账，利用计算机简单统计数据，这样需要相对较多的人力成本和时间成本，并且存货数据更新不及时，进而影响其他财务数据的更新。

（四）企业税务管理中存在的问题

在企业经营管理中，税务管理是一项十分重要的工作。企业通过有效的税务管理工作可以减少不必要的支出，达到控制成本的目的，有利于增加企业利润。企业应不断改进税务管理工作，明确税务管理工作中的不足，进而采取有针对性的措施。企业税务管理中存在的问题主要有以下几个方面：

第一，企业对税务管理的重视程度不足。部分企业将管理重点放在资金管理上，没有对产品所蕴含的价值进行深入研究，在税务管理上存在不足，并且未给予相应重视，在会计核算环节也缺乏重视，导致资金整体利用率下降，管理水平不高。

第二，企业税务管理的基础工作。在企业实际运营的过程中，税务管理的基础工作有所欠缺。一方面，监督审查机制不完善，且责任不明确，出现问题时无法第一时间进行追查，导致税务管理工作落实难度较大。另一方面，企业管理人员缺乏法律意识，在管理过程中通过偷税、漏税的方式控制成本。虽然取得了一定的效果，却违反了国家的法律法规，需要被追究相应的法律责任，威胁到企业的生存与发展。

第三，企业缺乏税务管理人才。就目前情况来看，我国企业税务管理工作还处在发展阶段，相关的经验、技术和知识都不够丰富，专业人才也比较匮乏。同时，企业缺少有效的人才培养机制，对此类人才的培养和选聘也不够重视，缺少专业的税务管理人才，造成工作效率和质量难以提升。很多企业没有安排专门的税务负责人，管理上缺少对细节的把控。高校对企业税务管理人才的专门培养也较少，这个领域仍旧处在人才匮乏的状态中。

第四，企业工作人员与税务部门沟通交流不足。一些企业负责税务工作的相关人员对于国家的税收政策缺乏深入的理解与分析，凭工作经验判断税务类型，容易出现偏差，影响税收优惠政策作用的发挥，还可能造成税务风险。

二、企业管理中存在问题的解决路径

（一）企业资金管理中存在问题的解决路径

第一，健全企业资金管理内部控制制度。企业管理者应当提高自身对于资金管理的重视程度，并且基于内部控制框架健全资金内部控制制度，从制度文化建设入手，建立责任制，层层落实关于资金管控的制度。

第二，实现企业资金管理科学化。企业要实现资金管理科学化，就需要建立完善的资金组织机构，组建专门的资金管理部门，并根据自身的实际情况设置岗位，聘请专业化的资金管理人员使资金管理工作规范化。

第三，实现企业资金管理规范化。企业一般按月或周进行现金预算，在一般情况下，现金是结余还是短缺需要依靠现金收入、支出情况来判断。企业根据情况决定是选择短期投资还是临时性投资，一旦出现资金短缺的情况，要及时调度资金，处理现金收支不平衡的问题。

第四，强化企业资金管理创新性。资金管理理念的创新主要是将降本增效作为管理的目标和方向，同时增强资金管理的可持续性。资金管理思路的创新是指基于风险的防范和控制层面，实现全面性、全程性的资金风险管理。资金管理模式的创新主要是指将信息技术、网络技术和智能技术投入资金管理的应用中，促进企业的可持续健康发展。

第五，构建健全的企业资金管理监控体系。在日常监管方面，企业要增强对资金的日常监控，构建风险预警系统，尽可能地降低出现坏账的风险。

（二）企业人力资源管理中存在问题的解决路径

第一，企业管理者应清楚认识到人力资源管理的重要性。企业管理者应认识到人力资源管理不仅是简单的人员调配，同时也是企业针对人力资源开展的各项开发活动、配置活动、组织活动、监督活动，以及保护与调节活动等。

第二，企业应构建较为完善的用人机制。企业应保证人才选拔的合理性及科学性，摒弃以往家族式的管理模式，构建一个公平合理的人才选拔机制，使内部员工实现公平竞争，进而选拔出更多优秀人才。

第三，企业应建立健全的培训制度。企业一方面应加大人力资源培训力度，在科学的人力资本理念下，为培训开发工作提供足够的资金支持；另一方面应建立分层次、分专业的培训体系，不断创新培训方法，实现按需培训，依托项目经理和重点工程项目建设，开展有针对性的培训工作。

第四，企业应建立起完善的绩效考核体系。企业需要抓住关键性的考核指标，在这些绩效指标的指导下实施管理，并对考核结果进行合理运用；明确考核奖惩体系，依据既定标准落实奖惩方式，确保绩效考核的作用得到充分发挥。第五，企业应建立战略性人力资源管理体系。企业可构建跨层次和跨部门的人力资源管理组织架构，形成完善的人力资源管理体系，由各部门经理承担各自的人力资源管理责任。

（三）企业存货管理中存在问题的解决路径

第一，企业要转变存货管理理念。企业对存货管理工作要给予高度重视，结合企业实际，建设与企业生产情况相符合的存货管理模式。企业管理者要转变观念，立足企业经营需要，通盘考虑和设计存货管理体系，如规划存货管理流程，完善存货管理制度，将企业生产各部门纳入存货管理职责分工体系中，让存货管理制度具有良好的可操作性、可执行性。

第二，企业应制定科学的盘点制度。在整个存货管理体系中，盘点工作不容忽视。由于企业存货多、散、全，不同物资的存放、管理与使用也不尽相同。对于存货盘点工作，企业要结合存货物资及企业生产所需，采取合理的、恰当的盘点方式。

第三，企业应构建健全的存货管理配套机制。在存货管理工作中，企业需要引入内部控制体系，从技术、人员、制度、环境等方面，优化存货业务流程，衔接不同部门、不同岗位，落实岗位责任，妥善处理各项存货管理中的问题。例如，依托岗位展开业务培训，增强人员的存货管理意识，确保各项工作按规程执行；明确责任，对存货管理的重点环节实施全面监控，提升存货管理效率。

第四，推进企业信息化建设进程。一是企业要加强对信息技术的应用。特别是在企业规模不断扩大的前提下，企业的存货管理工作更加复杂，企业应当以信息技术为基础开展存货管理工作，不断提高企业的存货管理质量和效率。二是融合人工智能技术，加强供应链的管理。以人工智能技术优化整个供应链，使企业实现从原材料采购到产品生产和销售再到财务核算的系统管理，将企业生产经营的整个供应链有机融合到一起，打造高效运行的信息系统，提升存货管理的效率。

（四）企业税务管理中存在问题的解决路径

第一，企业要重视税务管理，建立风险机制。企业在新形势下要对税务管理工作给予充分的重视，建立独立机构来进行专业化管理，使企业在风险机制的护航下稳步前行。企业可借助税务自查来最大限度地规避风险，对涉税风险体制进行完善。

第二，企业的税务管理人员要强化法律意识。企业的税务管理人员应该具有较强的法律意识，在落实税务管理工作的过程中要严格遵守法律法规，既要尽到公民应尽的责任，还要承担相应的会计岗位义务。企业的税务管理人员应采用合法的手段来避税，全面杜绝偷税、漏税等违法行为。如果发现违法行为，一定要依法处理。

第三，企业要加强税务管理人才的培养。企业应做好选聘、培训等工作。在选聘方面，要严格筛选税务管理人员，做好考核审查工作，确保税务管理人员具有专业的知识和良好的职业素养。在培训方面，应积极学习先进的技术经验，定期开展培训教育活动，组织企业中优秀的管理人员参加培训活动，进一步提升其能力和水平。企业还应积极组建专业的税务管理团队，以有效控制涉税管理风险。

第四，企业要加强与税务部门的沟通交流。为了有效地运用国家的税收优惠政策，实现企业利益最大化，企业的税务管理人员要及时、深入地了解和掌握最新的税收优惠政策，时刻关注国家税收优惠政策的变化，实现更加科学、合理地运用税收优惠政策，降低因政策运用不当而造成的税务风险。企业的税务管理人员要强化与税务部门之间的沟通和交流，深入解读税收政策，提高税收优惠政策的运用效果，并结合企业的实际运营和管理的情况，科学地进行税务规划，促使企业更好地实现自身的经营管理目标。

第二章 现代企业战略管理

第一节 企业战略管理概述

一、企业战略概述

目前在各种文献中对企业战略并没有统一的定义。有人认为企业战略应包括企业的目的与目标（即广义的企业战略），战略就是目标、意图和目的，以及为达到这些目的而制订的主要方针和计划；有人则认为企业战略不应该包括这一内容（即狭义的企业战略），企业战略就是决定企业将从事什么事业，以及是否从事这一事业。大多数学者认为，企业战略的四个构成要素是：

第一，经营范围。指企业从事生产经营活动的领域，它可以反映出企业目前与其外部环境相互作用的程度，也可以反映出企业计划与外部环境发生作用的要求。

第二，资源配置。指企业过去和目前资源和技能配置的水平和模式，资源配置会极大地影响企业实现自己目标的程度，是企业现实生产经营活动的支撑点。

第三，竞争优势。指企业通过其资源配置的模式与经营范围的决策，在市场上形成的与其竞争对手不同的竞争地位。

第四，协同作用。指企业从资源配置和经营范围的决策中所能获得的各种共同努力的效果，就是说分力之和大于各分力简单相加的结果。

综合上述观点，企业战略实质上是一个企业在清醒地认识和把握企业外部环境和内部资源的基础上，为求得企业生存和长期发展而做出的一系列根本的、全局性的、长远性的、具有指导性的谋划。一个完整的企业战略可以分为三个层次：企业总体战略、经营单位战略和职能战略。

企业总体战略：决定和揭示企业的愿景、使命和目标，确定企业重大方针与计划，企业经营业务类型和企业组织类型，企业应对用户、职工和社会的贡献。企业总体战略还应包括发展战略、稳定战略和紧缩战略。

经营单位战略：在总体战略的指导下，主要解决企业如何选择经营行业和如何选择在一个行业中的竞争地位问题。这一战略主要涉及企业在某一经营领域中如何竞争、在竞争中扮演什么角色、各经营单位如何有效地利用资源等问题。

职能战略：为实现总体战略和经营单位战略，对企业内部的各项关键的职能活动做出的具体化统筹安排。职能战略包括财务战略、营销战略、人力资源战略、组织结构战略、研究开发战略、生产战略等。

在此基础上可以进一步总结出企业战略管理的定义，即广义的企业战略管理就是运用战略对整个企业进行管理；而狭义的企业战略管理是指对企业战略的制定、实施、控制和修正进行的一个动态管理过程。目前，研究战略管理的主流学者大多持狭义定义，故本章也采用狭义战略管理的定义。

二、企业战略管理的作用

管理实践证明，正是由于企业战略管理的作用使许多重视战略管理的企业在激烈的市场竞争中脱颖而出。这些企业有的在专业领域内长期独领风骚，有的则经过长期的、痛苦的市场考验等后获得了市场认可和丰厚回报，国内外许多企业的成功证明了这一点。

研究证明，使用了战略管理的方法的企业比没有使用战略管理方法的企业获得的利益更多（包括经济利益和非经济利益），也更容易取得成功。例如，有学者根据对美国 101 个零售、服务和机械行业制造企业在连续 3 年的跟踪研究中得出结论，业务管理上使用了战略管理的企业，在产品的销售、利润和生产效益方面比没有系统规划活动的企业有重大的改善。而低效运作的企业由于未能有效地采用战略管理的手段，没有准确分析企业的内外部优劣势，对外界变化没有予以足够重视（如科技方法的改变、国外竞争对手的出现），导致企业运作薄弱，难以控制各种事件。这些事实和研究成果不仅表明了企业战略的指导作用，也证实了企业战略管理增强了企业经营活动对外部环境的适应性，有利于充分利用企业的各种资源，同时也调动了企业各级管理人员的积极性。

战略管理决定了企业的发展，但战略管理要发挥作用的基础是企业的各级领导者（尤其是高级管理人员）具备一定的战略素质，包括道德与社会责任感、随机应变的能力、开拓进取的品格和丰富的想象力。

三、企业愿景与战略目标

（一）企业愿景

成功的企业依靠绝妙复杂的战略规划就能实现其最佳的商业行为，这只是一个神话。有效的战略管理工作开始于企业管理者对企业应该做什么和不应该做什么在脑海中形成的基本观念以及企业应该去向何方的愿景。所谓愿景，即由企业内部的成员所制定，通过团队讨论并获得一致的共识而形成的愿意共同全力以赴的未来方向。企业愿景大都具有前瞻性的计划或开创性的目标，是企业发展的指引方针。美国学者马克·利普顿在《愿景引领成长》一书中认为，一个企业的愿景必须包含三个主题：企业存在的理由、如何达成企业存在的理由和企业的价值观。愿景形成后，企业高层管理人员应对内部成员做简明扼要的陈述以激发内部士气，并应将其落实为企业目标和行动方案具体推动实施。通过愿景，企业能有效地鼓舞企业内部的所有人，激发个人潜能，激励员工竭尽所能，增加企业生产力，达到顾客满意的目标。在愿景的指引下，企业最高管理层、企业文化、企业组织结构和员工管理过程共同赋予了愿景真正的生命力，确保了战略方向的连贯性。

愿景说明了一个企业将来的发展目标，对企业实现长期成长与定位意义深远。愿景不会年年改变，相反它是一个历久弥坚的承诺。愿景是一张令人激动的图画，它描绘了企业渴望的形象，以及企业使之成为现实的方法。制定企业愿景时，企业主要依据顾客的需求、新的技术发展态势、进入有吸引力的外国市场的机会、业务成长或衰退等重要信号分析。

愿景驱动思想强调了企业的愿景在企业战略中的重要作用。在 20 世纪 50 年代管理大师彼得·F.德鲁克推行的目标管理中，愿景就已经得到了充分的重视。

1994 年，美国管理学家吉姆·柯林斯在《基业长青》一书中介绍了一个研究结论。研究者从财富杂志 500 强工业企业和服务类公司两种排行榜中挑选了 18 家企业（公司）进行了追根究底式的研究，得出的结论是：那些能够长期维持竞争优势的企业，都有一个基本的经营理念——愿景。这些基本理念为企业战略确定了某些重要的开端和主要的方向，集中企业决策中的某些关键的意图和思路，愿景在数代首席执行官手中得以延续，从而引导企业战略沿着一条正确的"路线"不断前进。愿景驱动的基本原理是通过高远的目标来极大地激励企业的追求拉动力，使企业各级管理者沿着充满野心的、似乎是胆大妄为的理想不断前进。

一个完整的企业目标体系不仅有愿景，还包括使命和目标。愿景比较宽泛，使命比较具体，而战略目标将企业使命具体化为可操作的指标。在战略管理论中与"愿景"一词紧密相连的就是企业使命（mission）。使命是一个企业存在的理由，是对企业长期目标和发展宗旨的陈述，是企业在社会进步和社会经济发展中所应充当的角色。使命不仅包括企业的目标，也包括企业竞争的基础和竞争的优势，为企业目标的确立与战略的制定提供依据。企业使命要表明企业的追求，将本企业与其他企业相区别。文字叙述要足够清楚以便在企业内被广泛理解，内容要窄到足以排除某些风险、宽到足以使企业有创造性的增长。评价企业使命主要从用户、产品、服务市场、技术、哲学、自我认知、企业对公众形象的关心、企业对员工的关心、企业对生存或增长和盈利的关心九个方面着手。

（二）战略目标

战略目标是企业为完成使命，在一定时期内需要达到的特定业绩目标。战略目标必须以定量的术语进行陈述，并且有实现的期限。企业的目标体系使企业的管理者作出承诺：在具体的时间期限，达到具体的业绩目标。战略目标是企业愿景和使命的具体化，企业的战略目标是多元化的，既包括经济目标，又包括非经济目标；既包括定性目标，又包括定量目标。尽管如此，各个企业需要制定目标的领域却是相同的，彼得·F.德鲁克在《管理实践》一书中提出了八个关键领域的目标：

市场方面的目标：表明本企业希望达到的市场占有率或在竞争中达到的地位。

技术改进和发展方面的目标：对改进和发展新产品，提供新型服务内容的认知及措施。

提高生产力方面的目标：有效地衡量原材料的利用，最大限度地提高产品的数量和质量。

物资和金融资源方面的目标：获得物质和金融资源的渠道及其有效利用。

利润方面的目标：用一个或几个经济目标表明希望达到的利润率。

人力资源方面的目标：人力资源的获得、培训和发展，管理人员的培养及其才能的发挥。

员工积极性发挥方面的目标：对员工进行激励、向员工提供报酬等。

社会责任方面的目标：注意企业对社会产生的影响。

由于企业战略执行时间一般都较长，因此不仅要制定企业的长期战略目标，还要制定相应的短期执行性目标。不仅企业高层要制定企业总体战略，各经营单位或职能部门也要确立相应的经营单位战略和职能战略，于是战略目标制定过程通过企业组织结构层次一直向下继续分解落实下去直到个人。短期目标是长期目标的执行性目标，一般期限在一年以内。

四、企业文化与企业战略

企业文化是 20 世纪 80 年代后兴起的一种管理理论，是一种文化、经济和管理相结合的产物。企业文化虽然不是一项管理职能，但在企业管理中的作用却越来越重要。美国兰德公司、麦肯锡公司的专家通过对全球优秀企业进行研究而得出的结论认为，世界 500 强企业胜出其他企业的根本原因，就是这些企业善于给它们的企业文化注入活力，它们最注重四点：一是团队协作精神；二是以客户为中心；三是平等对待员工；四是激励与创新。

在大多数企业里，实际的企业文化同企业希望形成的企业文化出入很大。但对那些杰出的企业来说，实际情况同理想的企业文化之间的关联却很强，它们对企业的核心准则、企业价值观的遵循始终如一。

所谓企业文化是指企业在长期的生存和发展中形成的为企业多数成员所共同遵循的基本信念、价值标准和行为规范。企业文化一旦形成便很难改变，具有潜移默化的影响和作用，能有效地激励员工实现企业目标。企业文化确定了企业行为的标准和方式，影响并决定了为全体成员所接受的行为规范，渗透于企业各项职能活动中，使企业具有区别于其他企业的一系列特征。当然，企业文化也并不是一成不变的。改变企业文化的难度与企业的规模、复杂性和企业文化的齐均性呈正相关。

现代企业之间最高层次的竞争即文化的竞争，企业文化影响着企业运作的方方面面。企业文化的实质就是企业适应不断变化的环境的能力和让这种能力延续发展的能力，是一种高度信息化与个性化环境下的人性化管理方式，是企业经营理论的人性的反映。设计和培育积极、有效的企业文化必须以企业战略为指导依据。企业文化可能会给某种战略的实施带来一定的影响，但并不能认为企业文化决定了企业战略。

企业文化影响企业对环境因素和自身资源能力的评价，不同的企业文化可能导致企业管理者形成不同的关于机会、威胁、优势、劣势的认识。当环境变动需要企业做出的战略反应符合企业现有文化时，企业能接收这些环境变动信息；否则，这种变动信息很可能被暂时忽视。

企业文化影响企业对战略方案的选择。在内外环境条件大致相同的情况下，不同的企业文化可能导致不同的战略决策。如果一个企业的文化是以稳定性为主的话，那么增长型战略的实施就要克服相应的文化阻力。

企业文化影响企业战略的实施。如果企业战略与企业文化相符，企业文化可有力地促进企业战略的实施，又通过企业战略实施得到强化和发展；如果企业战略与企业文化相悖，则面临企业战略实施失败的风险。冲突越大，风险越大。风险过大，会逼迫企业在修改企业战略和改变企业文化两者中进行抉择。企业战略与企业文化的方向应该是一致的，当企业战略进行调整的时候，企业文化也要跟着调整。在企业战略转变的重要关头，企业往往采取重大的人事变动推动企业战略的实施，进行企业文化的变革。

第二节 现代企业战略选择

战略按其影响的范围及内容可分为企业战略和经营战略。企业战略所要解决的问题是确定经营范围及进行资源配置，它由企业的最高管理层确定，并且有较长的时效；经营战略集中在某一给定的经营业务内，解决的是如何竞争的问题，它的影响范围比较窄，且适用于单一经营单位或战略经营单位。

一、企业战略

从企业战略所确定的企业的经营范围（即确定企业是在一个领域还是在多个领域中经营）出发，可以把企业战略分成两类：多元化战略与专业化战略。

（一）多元化战略

多元化战略就是指企业在两个或两个以上的行业中进行经营。企业出于分散经营风险，在逃避业务萎缩、提高资源配置效率等方面考虑会采取多元化经营的战略。根据多元化业务之间的关联程度，可以把多元化战略细分为复合多元化战略、同心多元化战略、垂直多元化战略和水平多元化战略等。

（二）专业化战略

专业化战略是指企业仅在一个行业集中生产单一产品或服务的战略。由于专业化生产，企业可以在单一产品上集中生产能力和资源要素，从而达到规模经济的效果。实行专业化战略的企业还可以为目标客户提供更多品种和规格的产品。此外，由于实行专业化战略的企业可以更好地研究目标顾客的消费偏好及消费趋势的变化，并且对这种变化能更快地采取适应性行动，因此这些企业可以以更快的速度生产出符合顾客不断变化的需求的产品。

专业化战略有利于企业集中优势资源，但也面临着专业市场变化、市场需求萎缩的市场风险。

二、经营战略

经营战略也被称为一般竞争战略。美国哈佛大学教授迈克尔·E.波特（以下简称"波特"）在《竞争战略》一书中指出，企业为了获取相对竞争优势，可以选择三种不同类型的一般竞争战略，即成本领先战略、差异化战略和集中化战略。

（一）成本领先战略

成本领先战略的核心是使企业的产品成本比竞争对手的产品成本低，也就是在追求产量规模经济效益的基础上降低成本，使企业在行业内保持成本的领先优势。采用成本领先战略的企业，尽管面对强大的竞争对手，但仍能在本行业中获得高于平均水平的收益。实行成本领先战略可以在本行业中筑起较高的进入壁垒，并使企业进入一种"成本—规模"的良性循环。

企业之所以要采取成本领先战略，主要是因为它将给企业带来以下好处：

第一，即便行业内存在很多竞争对手，成本低的企业仍可获得高于行业平均水平的利润。

第二，能有效地防御来自竞争对手的竞争。因为较低的成本意味着当其他的竞争对手由于对抗而把自己的利润消耗殆尽以后，成本低的企业仍能获得适当的收益。

第三，企业的成本领先战略能对抗强有力的买方。这类买方讨价还价的前提是行业内仍有其他企业向其提供产品或服务，一旦价格下降到最有竞争力的对手的水平，买方也就失去了与企业讨价还价的能力。

第四，无论是在规模经济方面还是在其他成本优势方面，那些导致成本领先的因素也成了潜在进入者的进入障碍。

第五，成本低的企业可以有效地对付来自替代品的竞争。

正因为成本领先战略具有上述明显的优势，所以企业很愿意采用成本领先战略。价格战略就代表了这样一种倾向。事实上，对于某些行业，如日用品行业，成本优势是获得竞争优势的重要基础。

虽然成本领先战略可以给企业带来竞争优势，但采用这种战略也面临一定的风险：

首先，技术的迅速变化可能使过去用于扩大生产规模的投资或大型设备失效。

其次，由于实施成本领先战略，高层管理人员可能将注意力过多地集中在成本控制上，以致忽略消费者需求的变化。

最后，为降低成本而采用的大规模生产技术和设备过于标准化，因此可能会使产品生产缺乏足够的柔性和适应能力。

企业可以通过以下方式实施成本领先战略：

第一，控制成本，即企业对已有的成本支出进行控制。控制成本的重点应放在产品成本比重较大的项目上，或与标准成本（计划成本）偏差（超支）较大的项目上。

第二，采用先进设备。企业采用先进的专用设备，可以大幅度提高劳动生产率，但是要求企业具备足够资金以及市场的支持。只有企业生产和销售的产品批量足够大，形成规模效益，才能最终降低产品的单位成本。

（二）差异化战略

差异化战略是指企业向顾客提供在行业范围内独具特色的产品或服务。由于独具特色，因此可以带来额外的加价。差异化战略是企业广泛采用的一种战略。差异化战略并不是简单地追求形式上的特点与差异，企业必须了解顾客的需要和选择偏好，并以此作为实施差异化战略的基础。

为了保证差异化战略的有效性，企业实施时必须注意两个方面：

第一，企业必须了解自己拥有的资源和能力及能否创造出独特的产品。

第二，从需求的角度看，企业必须深入了解顾客的需要和选择偏好，企业所能提供的独特性与顾客需要相吻合是取得差异化优势的基础和前提。

采用差异化竞争战略生产经营差异产品的企业，需要投入特殊的而不是通用的生产工艺、技术和机械设备，所以要支付比实施成本领先战略更高的生产、销售标准产品（批量产品）成本。

企业之所以要采用差异化战略，主要是因为差异化战略能带来以下好处：

第一，产品差异化可以使顾客产生品牌忠诚，降低对价格的敏感性，从而削弱顾客的讨价还价能力。由于顾客缺乏可比较的选择对象，因此，他们不仅对价格的敏感性较低，而且更容易形成品牌忠诚。

第二，差异化本身可以给企业的产品带来较高的溢价。这种溢价不仅足以补偿因实施差异化战略所增加的成本，而且可以给企业带来较高的利润，从而使企业不必去追求成本领先地位。产品的差异化程度越高，顾客越愿意为这种差异支付较高的费用，企业获得的差异化优势也就越大。

第三，采用差异化战略的企业在应对替代品竞争时比竞争对手处于更有利的地位。这是由于顾客更注重品牌与产品形象，一般情况下不愿意接受替代品。

差异化战略往往给企业带来相应的竞争优势。然而，在某些条件下，追求差异化的企业也会遇到一定的风险。首先，顾客选择差异化产品和服务，不仅取决于产品和服务的差异化程度，也取决于顾客的相对购买力水平。当经济环境恶化、人们的购买力水平下降时，顾客会把注意力从产品和服务的差异化特色转移到一些实用价值和功能上来。其次，竞争对手的模仿可能会降低产品的差异化程度。从这一点来讲，企业能否通过差异化取得竞争优势，在一定程度上取决于其技术和产品是否易于被模仿。企业的技术水平越高，形成产品差异化时需要的资源和能力就越具有综合性，竞争对手模仿的可能性就越小。

对企业来说，产品的差异化主要体现在产品实体的功能、售后服务，以及通过广告等市场营销手段、以商标等的差异作为产品差异的市场管理方面。一般来说，企业应首先考虑在产品实休的功能和售后服务上形成差异，而市场管理则是形成产品差异的最后的、有一定风险的手段。

（三）集中化战略

集中化战略是指企业的经营活动集中于某一特定的购买者集团、产品线的某一部分或某一地域上的市场。同差异化战略一样，集中化战略也可呈现多种形式。集中化战略的目的是很好地服务于某一特定的目标，它的关键在于能够比竞争对手提供更为有效或效率更高的服务。因此，企业既可以通过差异化战略来满足某一特定目标的需要，又可以通过低成本战略服务于这个目标。集中化战略不寻求在整个行业范围内取得低成本或实现差异化，它是在较窄的市场目标范围内取得低成本或实现差异化的。

同其他战略一样，集中化战略也能在本行业中获得高于一般水平的收益，主要表现在：

第一，集中化战略便于集中使用整个企业的力量和资源，更好地服务于某一特定的目标。

第二，将目标集中于特定的部分市场，企业可以更好地调查研究与产品有关的技术、市场、顾客以及竞争对手等各方面的情况，做到"知彼"。

第三，战略目标集中明确，经济成果易于评价，战略管理过程也容易控制，从而带来管理上的便捷。

根据中小型企业在规模、资源等方面所固有的一些特点，以及集中化战略的特性，集中化战略对中小型企业是最适宜的战略。

采用集中化战略也有相当大的风险，主要表现在：

一是由于企业的全部力量和资源都投入一种产品或服务或一个特定的市场，因此当顾客偏好发生变化、技术出现创新或有新的替代品出现时，这部分市场对产品或服务的需求下降，企业就会受到很大的冲击。

二是竞争者打入了企业选定的部分市场，并且采取了优于企业的更集中化的战略。

三是产品销量可能变少，产品要求不断更新，造成生产费用的增加，使采取集中化战略的企业的成本优势减弱。

三、一般竞争战略的选择

（一）选择竞争战略

企业一般竞争战略的确定是企业战略管理的重要内容之一。有的学者认为波特提出的三种竞争战略实际是两种战略，即成本领先战略和差异化战略。集中化战略是在狭窄市场范围（市场的某一部分或其中的某一子市场）内对前两种竞争战略的具体运用。大量研究结果表明，许多成功的企业有一个共同的特点：就是在确定企业竞争战略时，根据企业内外环境条件在差异化战略和成本领先战略中选择一个，并采取相应措施，最终取得成功。一般企业为了在竞争中取胜，并不是同时追求两个目标，而是选定一种战略，重点突破，以取得竞争中的绝对优势。

选择哪一种竞争战略，决定着企业的管理方式、产品的研究开发、企业的经营结构以及企业的市场理念。采用成本领先战略的企业应该在所有的生产环节上实现彻底的合理化。除成本控制外，最重要的就是讲求产品的合适批量，以充分利用大机器生产标准的产品，实现规模效益。采用差异化战略的企业必须有特别的工艺设备与技术，同时为了使顾客了解企业的这种"差异"，或者让本来是标准品的产品在消费者心中建立起"差异"的形象，企业还要在销售方面组织广告宣传和产品推销活动等。这一切决定了产品差异化战略必然与成本领先战略发生矛盾与冲突，同时实施这两种竞争战略的企业往往在市场竞争中失败。

但是，同一企业针对不同产品、不同阶段可以采取不同的竞争战略，因此以下三种情况也是常见的：

第一，同一企业可以针对不同种类的产品采取不同的竞争战略。例如，汽车生产厂家可以对轿车和卡车分别采取差异化战略和成本领先战略。

第二，同一企业可以在生产与销售这两个环节采取不同的竞争战略。例如，可以在生产上采取成本领先战略，在销售和售后服务上采取差异化战略。

第三，同一企业在不同时期可以有不同的竞争战略。例如，当产品处于投入期与成长期时，可以采用成本领先战略；当处于成熟期时，则采用差异化战略。

（二）选择企业基本战略时应考虑的问题

1.外部环境

在社会经济高速发展时期，由于企业之间竞争激烈以及居民收入随生产力的发展而迅速提高，成本领先战略就会在很大程度上失去意义。反之，如果企业处于相对落后的经济状态下，则应该高度重视成本领先战略以刺激需求。

在一些发达国家，大众化的产品都强调产品差异化战略，而成本领先战略的模式则逐渐被企业抛弃；发展中国家一般多采用成本领先战略。

2.自身实力

对于规模较小的企业，由于其生产与营销能力都比较薄弱，因此应该选择集中化战略，以便集中企业优势力量，瞄准某一特定产品打"歼灭战"。如果企业生产能力较强而营销能力较差，可考虑运用成本领先战略；如果企业营销能力强而生产能力相对较弱，可考虑运用差异化战略，以充分发挥企业销售能力；如果企业生产与营销能力都很强，可以考虑在生产上采取成本领先战略，在销售上采取差异化战略。

3.产品种类

对于不同种类的产品，客户对其价格、质量、服务等要素具有不同的敏感度。对于生产资料来说，在保证基本质量的前提下，价格将成为企业竞争中最重要的因素，因此企业应尽量降低成本。绝大多数消费者是依据广告宣传、店员介绍、产品包装及说明、合适的价格来确定是否购买商品或服务的，所以对于消费品的生产企业来说，应尽量使本企业的产品在服务和市场营销管理方面实施差异化竞争战略。例如，日常消费品与耐用消费品是对消费品的进一步划分。日常消费品是人们几乎每天都消费的、反复少量购买的产品。这种产品竞争的关键是价格，因此，企业应在保证质量的前提下以优惠价格出售产品。耐用消费品是一次购买、经久耐用的产品，若干年才买一次。产品的质量与售后服务对顾客来讲非常重要，这就要求企业在这两个方面下功夫，推出质量和售后服务更好的差异化产品。

4.产品周期

在产品的投入期，为了抢占市场，防止竞争者进入，企业常常采用成本领先战略，以刺激需求，使企业处于成本、市场占有率、收益和设备投资四者的良性循环中。到了产品的成熟期与衰退期，消费需求呈明显的多样性与复杂性，这时企业就应该采取差异化战略或集中化战略。

当然，现实中也存在与上述相反的现象。例如，一些高档消费品在投入期与成长期，由于购买者较少，需要以较高的价格作为自己身份、地位的象征，对于这个时期的企业来说，差异化战略是明智的选择；而到了成熟期，由于原购买者已失去了把这些产品作为自己地位象征的兴趣，而新加入的消费者又主要着眼于产品的一般消费功能，因此企业应从差异化战略转为成本领先战略，这种现象被称为"高档品的日用品化"。

第三节 现代企业战略实施

企业一旦选择了合适的战略，战略管理活动的重点就从战略选择转移到了战略实施阶段。战略实施就是将战略方案付诸实践并取得结果的过程，它是战略管理过程的行动阶段。一般说来，战略实施包含四个相互联系的阶段：战略发动、战略计划、战略运作和战略控制。

一、战略发动

为调动大多数员工实施新战略的积极性和主动性，企业要对员工进行培训，灌输新的思想、新的观念，使其逐步接受新的战略。

二、战略计划

企业战略可分解为几个战略实施阶段，每个战略实施阶段都有其目标、政策措施、部门策略以及指导方针等。企业要对各分阶段目标进行统筹规划，全面安排。

（一）分解战略目标

战略目标的分解是战略实施计划系统的核心内容。战略实施就是将战略目标从时空上进行分解、细化，就是根据战略阶段的要求将各阶段，特别是现阶段的目标具体化（可执行化和数量化），即把战略目标由远及近、由粗到细逐步分解，落实到每一个较小的时空上。

战略目标的时间分解必须注意目标实现的阶段性和连续性，处理好目标实现的节奏性和时限性。而战略目标的空间分解就是根据战略将各个层次、各个部门的目标具体化，即把战略目标由高到低、由事及人逐步分解，落实到每一具体的战术上。总之，战略目标的时空分解必须注意战略目标和战术手段的结合，处理好目标实现的层次与范围的一致性。在此基础上，企业还需要编制战略计划和战略任务书，以便更好地重组资源，调整组织结构，推动战略实施。

（二）落实战略方案

战略方案的落实是设定战略计划系统的根本问题，具体包括人员落实、任务落实和方法落实。

人员落实主要解决由谁来执行战略计划的问题，主要包括首席执行官的落实、各级经理人员的落实和具体战略执行者的落实。企业战略方案一经确定，各级战略计划的执行者就是战略实施效果的决定因素。

任务落实所要解决的问题是在战略计划执行过程中该做什么，主要包括五个方面：第一，围绕战略目标有重点地优化配置资源；第二，调整企业结构以有效地执行战略；第三，动员整个企业投入执行战略计划；第四，设置战略管理支持系统；第五，发挥战略领导作用。

方法落实就是怎样完成战略计划任务。战略计划是战略管理的重要环节，涉及企业管理的所有职能部门，各部门如何执行战略计划事关重大。事实上，在战略计划系统中，一项战略计划的执行需要得到各部门行动计划的支持。同时，企业的资源分配必须重点支持这种战略目标的实现。最后，企业必须建立一个战略实施控制系统或早期预警系统，以保证战略计划的正确执行。

三、战略运作

企业战略的运作主要与领导者素质、组织结构、企业文化和资源规划四个因素有关。

（一） 领导者素质

战略管理是企业中的管理人员，尤其是高层领导者的重要职责。从战略的制定到实施，均离不开企业的领导者。战略管理需要机智果断、勇于创新、知识广博、经验丰富和具有独特管理魅力的人来担任企业领导者。战略管理要求企业领导者不能等同于一般管理人员，要能从企业日常经营管理工作中解脱出来，有精力和条件运用自己的知识、经验、技能为企业制定创新战略，并能积极有效地去推行战略。战略管理还要求企业领导者真正统领全局，领导和激励全体员工为实现企业战略而努力。

具体来说，战略管理要求领导者具备以下素质：一是良好的道德与社会责任感；二是前瞻性思维；三是随机应变的能力；四是开拓进取的品格；五是丰富的想象力；六是居安思危的意识。

（二） 组织结构

企业要有效地实施战略，必须建立适合所选战略的组织结构，不合适的组织结构将妨碍战略的实施，使战略达不到预期的效果。因此，组织结构与战略实施具有密不可分的联系，它是决定战略实施成功的关键因素之一。

美国企业史学家艾尔弗雷德·D.钱德勒（以下简称"钱德勒"）最早对组织结构与战略之间的关系进行了研究。他研究了70家企业的发展历史，尤其是美国的杜邦公司、通用汽车公司、西尔斯·罗巴克公司和标准石油公司这四大公司的发展历史。他发现：在早期，像杜邦这样的公司倾向于建立集中化的组织结构，这种结构非常适合其生产和销售有限的产品。随着这些企业增添新的产品线、收购上游生产投入行业、建立自己的分销系统等，高度集中化的组织结构不再适合企业的发展。为了保持企业的有效性，这些企业需要将组织结构转变为几个具有半自治性质事业部的分权式组织结构。

因此，钱德勒得出了这样的结论：组织结构服从于战略，企业战略的改变会导致组织结构的改变，最复杂的组织结构是若干个基本战略组合的产物。

（三）企业文化

战略实施除了利益的驱动外，还需要企业文化的支持。企业文化是指一个企业的全体成员共同拥有的信念、期望值和价值观体系，它确定企业行为的标准和方式，规范企业成员的行为。

企业战略制定后，需要全体成员积极有效地贯彻实施。长期以来形成的企业文化具有导向、约束、凝聚、激励、辐射等作用，是激发员工工作热情和积极性、统一员工意志和目标、使员工为实现战略目标而协同努力的重要手段。

与战略实施所需的价值观、习惯和行为准则一致的企业文化有助于激发企业员工以一种支持战略的方式进行工作。但是，企业文化的形成过程是漫长的，企业文化的变革也是非常困难的。因此，建立一种支持战略的企业文化，是战略实施中最为重要的也是最为困难的工作。

（四）资源规划

资源规划是战略实施的一个重要方面，在企业内部可以分为企业层和经营层两个层次的资源规划。

企业层的资源规划主要是在企业的不同组成部分之间进行资源分配。这些组成部分可能是企业的职能，也可能是业务分部或地区性分部。其重点是决定应该怎样在企业的不同组成部分之间分配资源，以支持企业的整体战略。

在实施战略时，经营层的资源规划需要重点解决两个问题：一是规划中一定要弄清楚哪些价值活动对战略的成功实施最为重要，并且在规划时要给予特别的注意；二是规划一定要解决整个价值链的资源需求问题，包括价值链之间的联系以及供应商、销售渠道或顾客的价值链。

四、战略控制

战略是在变化的环境中实施的，企业只有加强对战略执行过程的控制，才能适应环境的变化，完成战略任务。战略控制阶段分为三个部分：确定评价标准、评价工作成绩和采取纠偏措施。

（一）确定评价标准

评价标准是企业工作成绩的规范，用来确定战略措施或计划是否达到战略目标。一般来说，企业的战略目标是整个企业的评价标准。此外，在较低的组织层次上，个人制定的目标或生产作业计划都应是评价标准。评价标准同战略目标一样，也应当是可定量的、易于衡量的。评价标准体系的选择主要取决于企业所确定的战略目标。

（二）评价工作成绩

评价工作成绩是指将实际成绩与确立的评价标准相比较，找出实际活动成绩与评价标准的差距及其产生的原因。这是发现战略实施过程中是否存在问题或存在什么问题以及为什么存在这些问题的重要阶段。

在评价工作成绩时，企业不仅应将实际绩效与评价标准或目标相比较，而且也应当将自己的实际成绩与竞争对手的成绩相对照。通过这样的比较更能发现自身的优势或弱点，以便采取适当的纠正措施。

评价工作成绩中的主要问题是要决定将在何时、何地以及间隔多长时间进行一次评价。为了提供充分而及时的信息，企业应当经常地对工作成绩进行评价。要根据评价问题的性质及其对战略实施的重要程度，确定合理的评价频率。

（三）采取纠偏措施

企业必须针对通过评价工作成绩发现的问题采取纠偏措施，这是战略控制阶段的目的所在。如果企业制定了评价标准，并对工作成绩进行了评价，但并未采取恰当的行动，则最初的两步将收效甚微。

第三章 现代企业人力资源管理

第一节 现代企业人力资源管理概述

一、人力资源的概念及构成

（一）人力资源的概念

人力资源是指在一个国家或地区中，处于劳动年龄、未到劳动年龄和超过劳动年龄但具有劳动能力的人口之和。

人力的最基本方面包括体力和智力。如果从现实的应用形态来看，则包括体质、智力、知识和技能四个方面。

这里有必要将人口资源、人力资源、劳动力资源和人才资源相区别。人口资源是指一个国家或地区拥有的人口总量，它是其他几种资源的基础。劳动力资源是指一个国家或地区在一定时期内，全社会拥有的在劳动年龄范围内、具有劳动能力的人口总数。人才资源是指在一个国家或地区劳动力资源中具有某种突出能力的、高智商的、高素质的、高技能的部分人力资源。

（二）人力资源的构成

关于人力资源的构成，可以从数量和质量两方面来描述。

1.人力资源数量

人力资源数量是对人在量上的规定，是指一个国家或地区拥有的有劳动能力的人口数量，即劳动力人口数量，具体反映了由就业、求业和失业人口所组成的现实人力资源数量。劳动力人口数量的统计与不同国家对"劳动适龄人口"或"劳动年龄人口"的界定有关。

需要注意的是，在劳动适龄人口内部存在着一些丧失劳动能力的病残人口；在劳动年龄人口之外，也存在着一批具有劳动能力、正在从事社会劳动的人口。因此，在计算人力资源数量时，应当对上述两种情况加以考虑，以对劳动适龄人口数量加以修正。

综上所述，一个国家或地区的人力资源数量由以下八个部分构成：

第一，处于劳动年龄、正在从事社会劳动的人口，它构成人力资源数量的主体，即"适龄就业人口"。

第二，尚未达到劳动年龄，已经从事社会劳动的人口，即"未成年劳动者"或"未成年就业人口"。

第三，已经超过劳动年龄，继续从事社会劳动的人口，即"老年劳动者"或"老年就业人口"。

第四，处于劳动年龄之内，具有劳动能力并要求参加社会劳动的人口，即"求业人口"或"待业人口"，与前几部分一起构成"经济活动人口"。

第五，处于劳动年龄之内，正在从事学习的人口，即"就学人口"。

第六，处于劳动年龄之内，正在从事家务劳动的人口，即"家务劳动人口"。

第七，处于劳动年龄之内，正在军队服役的人口，即"服役人口"。

第八，处于劳动年龄之内的其他人口。

2.人力资源质量

人力资源质量是对人力资源在质上的规定，具体反映在构成人力资源总量的劳动力人口的整体素质上，即指人力资源所具有的体质、智力、知识和技能水平以及劳动者的劳动态度。

影响人力资源质量的因素主要有三个：第一，遗传和其他先天因素；第二，营养因素；第三，教育方面的因素。

一个国家或地区人力资源的丰富程度不仅要用其数量衡量，而且要用其质量来评价。与人力资源的数量相比，其质量方面更为重要。人力资源的数量反映了可以控制物质资源的人数，而人力资源的质量则反映了可以具体控制的类型、复杂程度、不同数量的物质资源的人员特征。

随着社会生产的发展，现代的科学技术对人力资源的质量提出了更高的要求。人力资源质量的重要性还体现在其内部的替代性方面。一般来说，人力资源的质量对数量的替代作用较强，而数量对质量的替代作用较差，有时甚至不能替代。人力资源开发的目的在于提高人力资源的质量，为社会经济的发展发挥更大的作用。一个国家或地区的人力资源在一定的时间内是相对稳定的。

二、人力资源的特征

人力资源是进行社会生产最基本、最重要的资源，与其他资源相比较，它具有如下特点：

（一）人力资源具有能动性

人力资源的能动性体现在三个方面：第一，自我强化。个人通过接受教育或主动学习，使自己的素质（如知识、技能、意志、体魄等）得到提高。第二，选择职业。在人力资源市场中具有择业的自主权，即每个人均可按自己的爱好与特长自由地选择职业。第三，积极劳动。人在劳动过程中，会产生爱岗敬业精神，能够积极主动地利用自己的知识与能力、思想与思维、意识与品格，有效地利用自然资源、资本资源和信息资源为社会和经济的发展创造性地工作。

（二）人力资源具有可再生性

人力资源的有形磨损是指人自身的疲劳和衰老，这是一种不可避免、无法抗拒的损耗；人力资源的无形磨损是指人的知识和技能由于科学技术的发展而出现的相对老化。后者的磨损不同于物质资源，是可以通过人的不断学习、更新知识、提高技能而持续开发的。

人力资源的这一特点要求在人力资源的开发与管理中加强后期培训与开发，不断提高其德才水平。

（三）人力资源具有两重性

人力资源既是投资的结果，同时又能创造财富；或者说，它既是生产者，又是消费者。根据美国经济学家西奥多·W.舒尔茨（以下简称"舒尔茨"）的人力资本理论，人力资本投资主要由个人和社会双方对人力资源进行教育的投资、卫生健康的投资和迁移的投资，人力资本投资的程度决定了人力资源质量。人的知识是后天获得的，为了提高知识与技能，人必须接受教育和培训，必须投入时间和财富，投入的财富构成人力资本的直接成本（投资）的一部分。人力资本的直接成本的另一部分是对卫生健康和迁移的投资。另外，人力资源由于投入了大量的时间接受教育用来提高知识和技能，而失去了许多就业机会和收入，这构成了人力资本的间接成本（即机会成本）。从生产与消费的角度来看，人力资本投资是一种消费行为，并且这种消费行为是必需的，先于人力资本收益，没有这种先期的投资就不可能有后期的收益。人力资源与一般资本一样具有投入产出的规律，并具有高增值性。研究证明，对人力资源的投资无论是对社会还是对个人所带来的收益都要远远大于对其他资源投资所产生的收益。

（四）人力资源具有时效性

人力资源的时效性指人力资源的形成、开发和利用都要受时间限制，且在能够从事劳动的不同年龄段（青年、壮年、老年），人的劳动能力也不尽相同。此外，随着时间推移，科技不断发展，人的知识和技能相对老化，导致劳动能力相对降低。

（五）人力资源具有社会性

由于人受到其所在民族（团体）的文化特征、价值取向的影响，因而在与人交往、生产经营中，可能会因彼此行为准则不同而产生矛盾。人力资源的社会性特点要求人力资源管理注重团队建设和民族精神，强调协调和整合。

第二节 绩效考核与薪酬管理

一、绩效考核

（一）绩效与绩效考核

现代企业的利益主体是多元化的，企业的持续发展依赖多方面利益相关者的协调和均衡，无论哪一个利益主体都不是企业存在的唯一原因。利益相关者包括：第一，投资者和股东；第二，生产所需要原材料的供应商；第三，管理者和员工；第四，社区和政府；第五，有购买货物或服务意向的顾客。

一个有效而成功的企业不应仅为一部分利益相关者的利益服务，而要在顾客、股东和员工这三个关键的利益相关者之间取得平衡，只有符合利益相关者利益的行为才称得上"绩效"。因此，绩效是指人们所做的同企业目标相关的、可观测的、具有可评议要素的行为，这些行为对个人或企业效率具有积极或消极的作用。

绩效考核就是收集、分析、评价和传递有关某一个人在其工作中的工作行为和工作结果方面的信息情况的过程。绩效考核是评价每一个员工工作结果及其对企业贡献大小的一种管理手段。每一个企业都进行绩效考核。

企业管理者利用目标管理将企业目标分解到个人，从而使绩效考核也落实到个人。一个员工个人绩效不足以对企业绩效产生严重的影响，但绩效考核是以企业绩效为中心展开的。近年来比较流行的做法是将企业目标逐层分解到岗位，并确定相关岗位的关键绩效指标，然后以此为依据对员工个人进行绩效考核。

（二）影响员工绩效的因素

员工的工作结果是个人特征和个人行为的最终体现。员工只有具有某些个人的特征，采取正确的行为，其工作才能达到预期结果。企业目标和企业环境对员工绩效也有影响。企业目标对员工工作行为起着导向和激励作用，同时也决定了企业采用什么样的指标对员工进行考核。企业环境虽然只是影响员工绩效的外部条件，但对于员工工作业绩的达成具有不容忽视的作用，如企业的生产设备、技术、工艺流程，市场环境，甚至政府经济政策等都可能对员工绩效产生影响。在绩效诊断过程中，企业管理者要审视外部环境是否对员工实现绩效目标有阻碍作用，并排除这些阻碍；否则，不但不能改善绩效，还会影响绩效管理体系的公平性，进而影响员工的工作积极性。

（三）有效绩效考核系统的标准

绩效考核系统的有效性可以通过以下五个标准来衡量：

1.目标一致性

有效的绩效考核系统首先应该是与企业的目标、战略联系在一起的。绩效考核系统的考核内容、考核标准必须随企业目标和战略的变化而变化，以保证绩效考核系统的有效性。

2.明确性

企业要通过明确的绩效标准让员工清楚地知道企业对员工的预期是什么，以及如何才能达到绩效目标。明确具体的绩效标准可以使绩效考核更加客观公正。绩效标准越明确，对员工的指导和规范作用就越大，就越有助于使员工的工作活动与企业目标要求一致。为此，绩效标准应该尽量用量化的方式表示。

3.效度

绩效考核系统的效度是指绩效考核系统对与绩效有关的所有方面进行评价的程度。有效的绩效考核系统应该能够衡量工作绩效的各个方面，即绩效评价指标应该包括与工作绩效有关的各个方面；同时，与绩效无关的内容不应该列入评价范围之内，因为对与绩效无关的方面进行评价会对员工的行为产生误导。

4.信度

信度是指绩效考核系统对于员工绩效评价的一致性程度。信度包括两方面含义：一是指考核者之间的一致性程度，即不同的考核者对于同一员工的绩效的评价结果应该是一致的或相似的；二是指再测信度，即不同时间对同一员工的绩效的评价结果应该是一致的或相似的。

5.公平与可接受性

绩效考核系统是否有效，最终取决于企业以及企业成员（包括考核者和员工）对绩效考核系统能否接受。绩效沟通、绩效反馈、绩效辅导发挥作用的前提是所有企业成员都积极参与到绩效考核过程中来，这样才能不断地完善绩效考核系统，实现企业目标；否则，员工就会拒绝绩效考核或者对绩效考核敷衍了事。绩效考核系统的可接受性在很大程度上取决于企业成员对其公平性的认可，如果员工认为绩效考核系统是公平的，他们就愿意接受该系统。绩效考核系统的公平性意味着程序公平、人际公平、结果公平。

（四）绩效考核的方法

1.相对考核法

（1）交替排序法

交替排序法就是考核者首先在员工中找出最优者，然后再找出对比最鲜明的最劣者；下一步接着找出次优者、次劣者；如此循环，由易渐难，绩效中等者较为接近，必须仔细辨别直到全部排完为止。

（2）因素排序法

将考评内容分为若干个因素，对各因素分别进行排序，然后将员工的各因素得分相加，再进行排序。

（3）强制分布法

强制分布法是按照事物"两头小，中间大"的分布规律，先确定好各等级在总数中所占的比例，然后按照个人绩效的相对优劣程度，强制列入其中的一定等级。

2.绝对考核法

（1）关键事件法

记录与员工工作成败密切相关的关键行为，用员工所获得的关键行为总分数来评价工作绩效。

（2）图表评价尺度法

图表评价尺度法是一种最常用的绩效考核方法。其主要步骤如下：第一，选择绩效评价要素；第二，限定不同绩效等级的评价标准和分数；第三，直接由上级根据图表对员工进行评价。

（3）评语法

评语法是考核者撰写一段评语对员工进行评价的方法。这种方法集中倾向评价员工工作中的突出行为，而不是日常的业绩。

（五）绩效考核的实施与执行

1.绩效考核结果的处理

绩效考核结果的处理就是通过对考核实施所获得的数据进行汇总、分类，并利用数理统计方法进行加工、整理，以得出考核结果的过程。

2.绩效信息的反馈

企业通常采用面谈的方式向员工反馈绩效信息。在面谈中，企业管理者需要把握以下原则：第一，对事不对人，根据绩效考核的结果数据进行基础谈话。第二，反馈要具体，不要用泛泛的、抽象的一般性考核来支持结论，要援引数据，列举实例，让员工信服。第三，不仅要找出员工的绩效缺陷，更重要的是要诊断出原因。第四，要保持双向沟通。第五，要落实改进的行动计划。

3.绩效考核系统的效果评价

绩效考核工作是一项复杂的工作，在实际工作中会出现许多误差，体现在两方面：一是方法；二是考核者的主观因素。具体来说有以下表现：缺乏客观性、晕轮效应、过高或者过低的评价、集中趋势、近期行为偏见、个人偏见等。

二、薪酬管理

企业管理者必须在工作与奖励之间建立恰当的联系，有效的奖励可以引导员工努力工作。员工最关心的莫过于自己的报酬，如果优秀的人才觉得自己的报酬配不上自己的付出，或者比不上同类企业相同职位的报酬，就很有可能心生不满，对工作不认真，甚至做出离职的决定，这对企业来说是一个重大的损失。

因此，薪酬管理也是企业人力资源管理的一个方面。

（一）薪酬的有关术语

1.薪酬

薪酬是指员工向其所在企业提供劳动或劳务而获得所在企业给予的直接货币和间接货币形式的回报，它主要包括工资、奖金、津贴与补贴、股权、福利等具体形式。薪酬的实质体现了市场的公平交易，是员工向企业让渡其劳动或劳务使用权的价格表现。

2.工资

工资是企业付给完成工作任务的员工的基本现金报酬。它是薪酬系统最基本的部分。基本工资一般反映了工作的价值，而不反映同一工作的员工差异。工资可分为固定工资、计时工资和计件工资三种。

3.奖金

奖金是指企业因员工超额劳动或有杰出的表现和贡献而支付给员工工资以外的报酬。奖金与绩效直接挂钩，是对员工的一种额外奖励。

4.佣金

佣金是指员工由于完成某项任务而获得的一定比例的现金报酬。

5.福利

福利是指企业为其员工提供的除工资、奖金以外的一切补充性报酬，它往往不以货币形式直接支付，而以实物或服务形式支付。

（二）薪酬的组成

薪酬由直接薪酬和间接薪酬所组成。直接薪酬可分为工资和奖金，间接薪酬是指福利。

（三）薪酬系统的功能

1.维持和保障功能

对员工而言，薪酬系统具有维持和保障功能。劳动是员工脑力和体力的支出。员工是企业劳动力要素的供应者，企业只有给予其足够的补偿，才能使其不断地投入新的劳动力。这种补偿既包括员工消费必需的、能够实现劳动力正常再生产的生活资料，也包括员工知识更新所需要支付的费用。

2.激励功能

薪酬系统的激励功能与人力资源管理的总功能是一致的，即能够吸引企业所需的人力资源，激发他们强烈的工作动机，鼓励他们创造优秀的业绩，并愿意持久地为所在企业努力工作。

（四）薪酬管理的概念、内容

薪酬管理是指企业通过与员工互动、了解员工需要，建立一套完善、系统、科学、高效的薪酬制度体系，以达到吸引、留住和激励员工的目的，进而达到企业获利、提高企业竞争力的目的的一系列管理活动。

薪酬管理主要包括以下三个环节：

1.确定薪酬管理目标

薪酬管理目标根据企业战略确定，具体包括：一是建立稳定的员工队伍，吸引高素质人才；二是激发员工的工作热情，创造高绩效；三是努力实现企业目标和员工个人发展目标的协调。

2.制定薪酬政策

薪酬政策指企业管理者对薪酬管理运行的目标、任务和手段的选择和组合，是企业在员工薪酬上所采取的方针政策。企业薪酬政策主要包括以下内容：第一，薪酬成本投入政策。第二，选择合理的薪酬制度。企业根据自身实际情况，采取稳定员工收入的策略或激励员工绩效的策略，前者多实行等级或岗位工资制度，后者常采用绩效工资制度。第三，确定企业的薪酬水平及薪酬结构。

企业根据自身实际情况，采取高额薪酬、均等化薪酬策略，或者低额化薪酬策略。具体的选择要综合考虑三个因素：该水平薪酬是否能够留住优秀人才，企业对该水平薪酬的支付能力，该水平薪酬是否符合企业的发展目标。

所谓薪酬结构，指企业员工之间的各种薪酬比例及其构成，主要包括：企业薪酬成本在不同员工之间的分配；职务和岗位工资率的确定；员工基本、辅助和浮动工资的比例以及基本工资和奖励工资的调整等。报酬多了会使不称职的员工不努力工作，少了会使高素质的人才外流。因此，给予员工最大激励和公平付薪是薪酬管理的原则。

3.薪酬的控制与调整

薪酬的控制与调整通过制定薪酬计划实现，薪酬计划是企业薪酬政策的具体化。所谓薪酬计划，是企业预计要实施的员工薪酬支付水平、支付结构及薪酬管理重点等。

（五）薪酬制度的设计原则

企业薪酬制度的确立与实施对调动员工的积极性、创造性有着极大的促进作用。而要做到这一点，企业在设计薪酬制度时，必须体现以下原则：

1.战略导向原则

企业的薪酬体系要与企业发展战略有机地结合起来，使企业的薪酬体系成为实现企业发展战略的重要杠杆之一。在企业不同的发展阶段，因为外部市场环境的变化和企业自身优劣势的转变，企业会制定不同的发展战略，企业战略的调整必然导致薪酬体系的调整或重建。

2.公平原则

企业员工对薪酬分配的公平感，也就是对薪酬发放是否公正的判断与认识，是企业管理者在设计薪酬制度和进行薪酬管理时首先需要考虑的因素。

薪酬的公平性可以分为三个层次：第一，外部的公平性。指同一行业、同一地区或同等规模的不同企业中，类似职务的薪酬应当基本相同。这是因为这些企业对任职者的知识、技能与经验的要求相似，任职者的各自贡献也应相似。第二，内部公平性。指同一企业中不同职务所获薪酬应与各自的贡献成正比。只要比值基本一致，便是公平的。第三，个人公平性。这涉及同一企业中相同岗位的人所获薪酬间的比较。

3.竞争性原则

竞争性原则是指在社会上和人才市场上，企业的薪酬标准要有吸引力，这样才能战胜其他企业，招聘到所需人才。究竟应将企业摆在市场价格范围的哪一层次，要根据企业财力、所需人才获得性的高低等具体条件而定。企业要有竞争力，薪酬水平至少不应低于人才市场的平均水平。

4.激励性原则

薪酬设计的激励性原则包括两层含义：一是要求企业尽可能地满足员工的实际需要。因为不同员工的需求各异，同样的激励在不同的时期和不同的环境中对同一员工起到的激励作用也不同。二是薪酬系统中各岗位或职务的薪酬标准要有合理的差距，设计时要结合员工的能力、绩效、岗位的责任标准等。由于员工之间存在个人能力、职位和岗位职能的差别，因此在设计薪酬系统时应当考虑不同员工群体之间的差异，采用不同的薪酬模式，如面向中高层管理人员的年薪制、面向销售员工的底薪加奖金提成的模式。

5.经济性原则

企业满足激励性原则和竞争性原则的通常做法是提高薪酬标准，但是这样做往往提高了企业的人工成本。所以，企业管理者在设计薪酬制度时不应仅考虑薪酬系统的吸引力，还应当考虑企业的财务承受能力。对企业来说，薪酬标准不是越高越好，合理的薪酬制度应该是在资源和资金有限的情况下寻求一种最有效的薪酬和福利组合，以确保以最低的成本保持企业在人才市场上的竞争力和员工的高满意度。

6.合法性原则

企业必须严格遵守和执行与薪酬有关的法律法规，如关于最低工资的规定、禁止使用童工的规定等，这是任何一个企业在设计薪酬制度时必须遵循的原则。

（六）薪酬制度的设计程序

1.制定薪酬制度

企业薪酬制度是企业人力资源管理的重要组成部分，需要根据企业的使命、愿景等制定。薪酬制度要对以下内容做出明确规定：对员工本性的认识，对员工总体价值的认识，对管理骨干、专业技术人才和营销人才的价值估计，企业基本工资制度和分配原则，企业工资分配政策和策略。

2.岗位设置与工作分析

岗位设置要分析研究的内容：通过对工作内容、责任者、工作岗位、工作时间、怎样操作以及为何要这样做等进行分析，对该职务的任务要求和责任、权力等方面进行书面描述。工作分析主要从两方面入手：一是工作描述，即对职务的名称、职责、工作程序、工作条件和环境等方面进行一般性说明；二是对员工的要求，即通过职务描述，进一步说明担任某一职务的员工必须具备的资格条件。

3.职务评价

职务评价的目的：比较企业内部各职务的相对重要性，得出职务等级序列；为进行薪酬调查建立统一的职务评估标准。

职务评价的主要步骤：第一，确定评价的目的；第二，确定评价的方案；第三，明确职务评价的战略导向；第四，选取标杆职务；第五，确定职务评价方案。

职务评价的方法：分为非量化评价法和量化评价法两大类。非量化评价方法有两种：排序法和分类法；量化评价方法有三种：计点法、因素比较法和海氏评价法。

4.薪酬调查

企业要吸引和留住员工，不但要保证企业工资制度的内在公平性，而且要保证企业工资制度的外在公平性。因此，企业要开展市场薪酬调查，了解和掌握企业所在地区、行业的薪酬水平，及时制定和调整企业对应岗位的薪酬水平和企业的薪酬结构，以确保企业工资制度的外在公平性。

薪酬调查的目的：帮助制定新参加工作人员的起点薪酬标准，帮助查找企业内部工资不合理的岗位，帮助了解同行业企业的调薪时间、水平、范围等，了解当地工资水平并与本企业的工资水平比较，了解工资动态与发展潮流。

薪酬调查的主要内容：了解企业所在行业的工资水平，了解企业的工资水平，调查工资结构。

薪酬调查的方法：问卷调查法、面谈调查法、文献收集法、电话调查法。

薪酬调查的实施步骤：确定调查目的，确定调查范围，选择调查方式，整理和分析调查数据。

5.薪酬分级和定薪

薪酬分级和定薪在职务评价后进行。企业根据确定的薪资结构线，将众多类型的职务薪资归并组合成若干等级，形成一个薪资等级系列，从而确定企业内每一职务具体的薪资范围，保证员工个人薪酬的公平性。

6.薪酬评价与调整

企业根据薪酬调查、职务评价与绩效考核的标准，制定相应的工资标准、与工作绩效相关的薪酬标准、管理人员与普通员工的奖励标准和奖励形式等，以达到激励员工的目的。为保证薪酬制度的适用性，企业应随着市场环境、企业战略的变化，相应地调整薪酬结构。

第三节 人力资源开发与员工培训

一、人力资源开发

人力资源开发是指发现、发展和充分利用人的创造力，进而提高企业劳动生产率和经济效益的活动。人力资源开发成功与否直接影响到企业总目标能否实现。

（一）人力投入

人力投入是指选择适量并满足需要的人力加入企业的生产经营活动。投入适量人力以获得最佳规模的经济效益，是人力资源开发的第一个途径，但其前提是投入的人力必须有事可做，不能无目的地投入。另外，企业还必须有相应的资金，使人均技术装备水平达到一定程度。因此，企业要根据自身条件及特点选择适量的人力。

（二）人力配置

人力配置是将投入的人力安排到企业中最需要又最能发挥其才干的岗位

上，以保持生产系统的协调性。

系统的生产力不是每个人生产力的简单相加，它在很大程度上取决于劳动力的结合状况，即协调状况。一个劳动者在不同的生产领域中有不同的边际产出。合理配置人力就是调整和优化企业的劳动力组合，使生产经营各环节人力均衡、人岗匹配，有利于每个人充分发挥其作用。这是人力资源开发极其重要的途径之一。

（三）人力发展

人力发展是指通过教育培训，提高劳动者的素质。早在 20 世纪 60 年代，舒尔茨就曾做过统计：美国 1900—1957 年物质资本投资增加 4.5 倍，产生的利润为 3.5 倍；教育投资增加 8.5 倍，产生的利润达 17.5 倍。可见，人力投资的效益大大高于物质方面投资的效益。

教育经济学的研究成果也表明：与文盲相比，一个具有小学文化程度的劳动者可将劳动生产率提高 43 ％；中学文化程度的可提高 108 ％；大专以上文化程度的可提高 300 ％。

可见，人力发展是最有效的人力资源开发途径。从宏观上，国家应大力发展教育，提高全民族素质。从微观上，企业应重视员工培训，舍得智力投资。企业有了高素质的员工，就有了强大的竞争力，有了发展的基础。

（四）人员激励

人员激励是指激发人的热情，调动人的积极性，使其潜在的能力充分发挥出来。企业激励水平越高，员工的积极性就越高，企业的劳动生产力也就越高。

劳动生产力开始随激励水平的提高迅速上升，但到一定程度后会逐渐减缓增长，直到趋于某一水平，这是因为人的精力是有限的。应当说明的是，劳动者素质越高，激励效果越好。人员激励也是人力资源开发的重要途径之一。

激励从一般意义上说，就是由于需要、愿望、兴趣、情感等内外刺激的作用，使人处于一种持续的兴奋状态；从管理学角度来说，就是激发热情、调动人的积极性。人的潜在能力是否能得到发挥，工作是否有成效，不仅取决于人员配置的客观情况是否合理，还取决于是否受到人的主观积极性的影响。影响个人工作成效的因素主要有个人的能力、个人的积极性、个人所处的环境条件。实践证明，通过科学的激励方法提高人的主观积极性，能促使人把自身的潜在能力充分发挥出来，大大提高生产力。

半个多世纪以来，西方管理学家、心理学家和社会学家在动机激发模式的基础上，从不同的角度研究了怎样激励人的问题，提出了许多激励理论。这些理论大致可以分为三类：内容型激励理论、过程型激励理论和行为改造型激励理论。

学习和借鉴上述理论，对于领会激励的深刻内涵，形成人员激励的机制，正确运用科学的激励方法，做好人员激励工作，具有重大的现实意义。

在管理实践中，激励的手段主要有物质激励和精神激励两种。

第一，物质激励。常用的物质激励方式主要是工资、奖金和福利等。在我国目前的经济和生活水平状况下，物质激励仍然是最基本也是最有效的激励手段。然而，采用物质激励方式，并不一定能达到激励的效果。科学、公正、合理的工资和奖金分配制度、福利制度等是实现有效激励的基础，这就要求人力资源管理部门制定公平、合理、客观的劳动成果评价标准，在真正体现按劳分配的基础上，激发员工的积极性和竞争意识，取得良好的激励效果。

第二，精神激励。精神激励的主要形式包括表彰与批评、吸引员工参与管理和满足员工的成就感等。

采用物质激励和精神激励时必须注意：二者必须有机地结合起来，在不同的历史阶段、不同的环境条件下，采取恰当的"激励组合"；二者都以激发员工的工作积极性为目的，因此通过人事考核、绩效考核等科学的方法，客观评价员工的行为表现和工作成果，才能收到实效。

二、员工培训

（一）员工培训的概念、类型和使命

1.培训的概念

培训是企业向新员工或现有员工传授其完成本职工作所必需的相关知识、技能、价值观、行为规范的过程，是企业安排的对企业员工进行的有计划、有步骤的培养和训练。

2.培训的类型

（1）职前培训

第一，一般性培训。主要内容包括：企业历史、企业传统与基本方针、企业理念、企业价值观、企业所在行业的现状与企业的地位、企业的制度与组织结构、产品知识、制造与销售、公务礼仪、行为规范等。

第二，专业性培训。主要内容包括：就业规则、薪酬与晋升制度、劳动合同、安全、卫生、福利与社会保险、技术、业务、会计等。

（2）在职培训

第一，管理人员培训。主要内容包括：观察、知觉力、分析判断力、反思、记忆力、推理、创新力、口头文字表达能力、管理基础知识、管理实务、案例分析、情商、人际交往、团队精神等。

第二，专业性培训。主要内容包括：行政人事培训、财务会计、生产技术、生产管理、采购、质量管理、安全卫生、计算机等。

3.培训的使命

培训的使命是：引导新员工，提升员工价值，开发高层领导技能。

培训的使命应着眼于：学会认知，学会做事，学会共同工作和生活，促进个人发展。

（二）员工培训的意义

员工培训的意义主要体现在以下几方面：

第一，培训是满足企业长远发展的战略需求。

第二，培训是满足职位要求、改进现有职位业绩的需要。

第三，培训是员工职业生涯发展的需要。

第四，培训是改变员工对工作与企业态度的重要方式。

第五，培训有利于员工更新知识，适应新技术、新工艺的要求。

第六，培训是企业吸引员工、留住员工、激励员工的重要手段。

（三）培训的角色

企业中参与培训的角色有：最高管理者、人力资源部、业务部门管理者（一线经理）和员工。一线经理起关键作用（教师、教练、帮助者），人力资源部起主导作用，最高管理者负责保证培训与经营需要相结合。

（四）培训管理的三个重要阶段

培训的程序一般分三个阶段：需求分析阶段、培训实施阶段和培训评估阶段。

三、员工培训系统模型

有效的培训系统是员工培训的重要保障。精心设计员工培训系统是非常重要的。员工的培训系统包括培训需求的确定、培训目标的设置、培训方法的确定、培训的实施、培训成果的转化及培训评价和反馈等几个环节。

（一）培训的准备阶段

在员工培训的准备阶段，必须做好两方面的工作：一是培训需求分析；二是培训目标确定。

1.培训需求分析

培训需求分析对是否需要进行培训来说是非常重要的,它包括企业分析、任务分析与个人分析三项内容。

2.培训目标确定

培训目标是指培训活动的目的和预期成果。培训目标可以针对每一培训阶段设置,也可以面向整个培训计划设定。培训目标的设定是建立在培训需求分析的基础上的。

培训目标确定的作用表现在:它能结合员工、管理者、企业各方面的需要,满足员工方面的需要;帮助员工理解为什么需要培训;协调培训目标与企业目标的一致性,使培训目标服从企业目标;使培训结果的评价有一个标准;有助于明确培训成果的类型;指导培训政策制定及其实施过程;为培训的组织者确立必须完成的任务。

培训目标一般包括三方面内容:一是说明员工应该做什么;二是阐明可被接受的绩效水平,三是员工完成指定学习成果的条件。

培训目标确定应把握以下原则:一是使每项任务均有一项工作表现目标,让员工了解培训后所达到的要求,具有可操作性;二是培训目标要有明确的、具体的工作任务;三是培训目标应符合企业的发展目标。

具体的培训目标有以下构成要素:内容要素、标准要素和条件要素。

内容要素即企业期望员工做什么事情,可分为三类:一是知识的传授;二是技能的培养;三是态度的转变。标准要素即企业期望员工以什么样的标准来做这件事情。其界定必须清楚明确,使员工在参加培训时有明确的努力方向。例如,"在 10 分钟内准确地完成工作"比"迅速地完成工作"更具体明确。条件要素即在什么条件下要达到这样的标准。

(二)培训的实施阶段

在培训的实施阶段,企业要完成两项工作:培训方案设计和培训实施。

1.培训方案设计

（1）培训经费的预算

具体步骤如下：

第一，确定培训经费的来源，企业承担或企业与员工分担；

第二，确定培训经费的分配与使用；

第三，进行培训成本—收益计算；

第四，制订培训预算计划；

第五，培训费用的控制。

（2）选择培训供应商

选择培训供应商应考虑的因素：

第一，企业在设计和传递培训项目方面的经验；

第二，企业的人员构成及对员工的任职资格要求；

第三，曾经开发过的培训项目或拥有的客户；

第四，为其客户提供的参考资料；

第五，能证明其培训项目有效的证据；

第六，企业对本行业和本企业的了解程度；

第七，培训项目的开发时间；

第八，企业在业内的声誉；

第九，咨询合同中提出的服务、材料和收费等事宜。

（3）其他内容

选择设计适当的培训项目；确定培训对象；培训项目的负责人（包括企业的负责人和具体培训的负责人）；培训的方式与方法；培训地点的选择；根据既定目标，确定具体的培训形式、学制、课程设置方案、课程大纲、教科书与参考教材、培训教师、教学方法、考核方法、辅助器材设施等。

2.培训实施

具体步骤如下：

第一，选择和准备培训场所；

第二，课程描述；

第三，课程计划；

第四，选择培训教师；

第五，选择培训教材；

第六，确定培训时间。

（三）培训的评价阶段

1.培训效果评估标准

目前，国内外运用最为广泛的培训评估方法，是由美国学者唐纳德·L.柯克帕特里克（以下简称"柯克帕特里克"）提出的培训效果评估模型。至今，它仍是培训经理人经常使用的经典培训评估模型。柯克帕特里克将培训效果分为四个递进的层次——反应层、知识层、行为层、效果层。

反应层：受训者对培训的印象与满意度。

知识层：受训者对培训内容的掌握程度。

行为层：受训者接受培训后工作行为的变化。

效果层：受训者或企业的绩效改善情况。

2.培训效益的分析

培训效益可用以下指标分析：

培训投资回报率=项目净利润/项目成本培训投资收益率=项目收益/项目成本

3.评估报告的撰写

评估报告的基本结构如下：

导言（主要说明评估的实施背景，即被评估项目的概况）；

概述评估实施的过程；

阐明评估的结果；

解释、评论评估结果并提供参考意见；

附录；

报告摘要。

第四章 现代企业财务管理

第一节 现代企业财务管理概述

一、现代企业财务管理的概念

财务管理是组织企业财务活动，处理企业财务关系的一项经济管理工作。资金是现代企业进行生产经营的一种必要生产要素。现代企业的生产经营过程，一方面表现为物资的采购、储备、加工与出售的实物流动；另一方面表现为价值形态的资金流入与流出。以现金收支为主的现代企业资金收支活动构成了现代企业财务活动。具体来说，现代企业财务活动包括现代企业筹资引起的财务活动、现代企业投资引起的财务活动、现代企业经营引起的财务活动和现代企业分配引起的财务活动。

现代企业生产是一种社会化的大生产，需要大量的资金。在生产经营的过程中，现代企业与外界发生各种各样的资金往来关系，这就形成了现代企业的财务关系。现代企业的财务关系包括现代企业与其所有者之间的财务关系、现代企业与其债权人之间的财务关系、现代企业与被投资单位之间的财务关系、现代企业与其债务人之间的财务关系、现代企业与职工之间的关系、现代企业内部各单位之间的财务关系、现代企业与税务机关之间的财务关系等。

现代企业财务管理就是组织好现代企业的财务活动、处理好现代企业的财务关系、为现代企业生存和发展提供资金支持的一种综合性的管理活动。和企业的其他管理职能相比，现代企业财务管理有自己的特点：首先，财务管理是一项综合性管理工作；其次，财务管理与现代企业各方面具有广泛的联系；最后，财务管理能迅速反映现代企业的生产经营状况。

二、现代企业财务管理的目标

现代企业财务管理的目标是现代企业理财活动所希望实现的结果，是评价现代企业理财活动是否合理的基本标准。现代企业财务管理是现代企业管理的重要组成部分，其目标应该服从和服务于现代企业的目标。从本质上讲，现代企业的目标是通过生产经营活动创造更多的财富，实现现代企业价值的增值；同时，在现代企业价值增值的过程中，现代企业应该承担社会责任，实现现代企业经济价值和社会价值的统一。但是，由于不同国家的企业面临的财务环境不同，同一国家的企业所有制性质不同，以及企业治理结构、发展战略和所处的发展阶段不同等，现代企业财务管理目标具体表现为不同的形式。

随着现代企业财务管理理论研究的深化和现代企业财务管理实践的发展，人们对现代企业财务管理的认识会更加全面，现代企业财务管理的目标也会趋向合理。一般认为，现代企业财务管理的整体目标有以下几种：

（一）以利润最大化为目标

利润最大化是西方微观经济学的理论基础。利润最大化观点的持有者认为：利润代表企业新创造的财富，利润越多则企业的财富增加得就越多，就越接近企业目标。在市场经济条件下，现代企业往往把追求利润最大化作为目标，因此，利润最大化自然也就成为现代企业财务管理要实现的目标。以利润最大化为目标，可以帮助现代企业加强经济核算、努力增收节支，提高现代企业的经济效益。但是，以利润最大化为目标没有考虑利润实现的时间以及伴随高报酬的高风险等问题，盲目追求利润最大化可能会造成追求短期利润、忽视经营风险和阻碍长远发展等问题，因此，利润最大化不是现代企业财务管理的最优目标。

（二）以股东财富最大化为目标

对于股份制企业，企业属于全体股东，股票的市场价格和股东拥有的股票数量决定了股东财富的多少。企业属于股东，股东投资的目的就是获得最大的财富增值，因此，现代企业经营的目标是使股东财富最大化，现代企业财务管理的目标也是使股东财富最大化。股东财富最大化目标在一定程度上克服了利润最大化目标忽视风险、追求短期利润等不足，但是它只适用于股票已公开上市的股份公司，对于一般的企业则难以适用。股东财富最大化在强调股东利益的同时，可能忽视或者损害债权人、员工、供应商、社会公众等利益相关者的利益。

（三）以现代企业价值最大化为目标

股东价值最大化目标是站在股东是企业的所有者、股东承担了企业的全部风险，因此也应该从享受全部剩余的利益的角度来考虑现代企业财务管理的目标的。实际上，现代企业的存在和发展，除了与股东投入的资源有关外，和企业的债权人、员工甚至社会公众等都有密切的关系，因此，单纯强调企业所有者的利益而忽视其他利益相关者的利益是不合适的。现代企业价值最大化是指通过现代企业财务上的合理经营，采用最优的财务政策，充分考虑资金的时间价值和风险报酬之间的关系，在保证现代企业长期稳定的基础上使现代企业总价值达到最大。

三、现代企业财务管理的内容和基本方法

现代企业财务管理就是管理现代企业的财务活动和财务关系。现代企业的财务活动包括筹资活动、投资活动、经营引起的财务活动以及利润分配活动。现代企业与外界组织或内部单位及个人之间的财务关系在资金的运动过程中

形成。现代企业财务管理的内容按照现代企业财务活动的过程分为筹资管理活动、投资管理活动、营运资金管理活动和利润分配管理活动四个主要方面。

现代企业财务管理的基本方法有财务预测、财务决策、财务计划、财务控制、财务分析。财务预测是指财务人员根据历史资料，结合现实条件，运用特定的方法对现代企业外来的财务活动和财务成果做出的科学预计与测算。财务预测是进行财务决策、编制财务计划、组织财务活动的基础。财务决策是指财务人员从财务目标出发，从多个可行的备选方案中选择最优方案的过程。财务计划是在一定的计划期内，以货币形式反映生产经营活动所需的资金及其来源、财务收入与支出、财务成果及其分配计划。财务控制是指在财务管理过程中，基于一定的信息，利用一定的手段对企业的财务活动施加影响或调节，以便实现计划所规定的财务目标的一项工作。财务分析是根据有关信息和资料，运用特定方法对现代企业财务活动过程及其结果进行分析和评价的一项工作。

第二节 现代企业内部的财务管理

一、现代企业内部会计控制制度

（一）内部会计控制的含义

内部会计控制是指现代企业为了保证各项经济活动的有效进行，提高会计信息的质量，保护资产的安全、完整，防范财务与经营风险，防止欺诈和舞弊，确保有关法律法规和规章制度的贯彻执行等制定和实施的一系列具有控制职能的方法、措施和程序。内部会计控制的目标是：保证经济活动的合法性；保证财产物资的安全性，防止资产流失；保证会计资料的真实性、完整性；促进内部管理水平的不断提高。内部会计控制是内部控制的核心。

（二）现代企业建立内部会计控制制度的目的

从本质而言，内部控制是为了规避风险，保证会计信息的准确、可靠，提升管理效果，更好地促进现代企业的经营管理与持续发展。从政府宏观经济的角度来看，现代企业的稳定经营有利于国民经济的平稳健康发展，保证社会稳定。从企业所有者和管理者自身的角度来看，企业经营中的风险对企业持续经营和发展有不利影响。从企业与员工的角度来看，员工并不总是为了他们所属企业的利益而努力。现代企业的规模大小和复杂程度提高，员工与现代企业之间的利益差异亦会随之增大。两者追求利益的差异，容易使员工做出一些不道德、不恰当的行为，损害企业利益。为纠正员工的这些不道德、不恰当的行为，现代企业必须建立内部会计控制制度。

（三）现代企业建立内部会计控制制度应遵循的原则

1.合法性原则

内部会计控制制度应当符合国家法律法规和《内部会计控制规范——基本规范》的规定以及现代企业的实际情况。这一规定是现代企业建立内部会计控制制度的前提条件，任何一个企业建立任何内部控制制度都必须体现国家法律法规，且不能违反国家法律法规，因为国家法律法规体现了公民的根本利益，它对现代企业的会计核算和会计监督活动等起着强制作用或指导作用。因此，内部会计控制必须符合法律法规的要求。

2.相互牵制原则

企业中每项完整的业务活动都必须经过具有互相制约关系的两个或两个以上的控制环节方能完成。在横向关系上，至少由彼此独立的两个部门或人员办理以使该部门或人员的工作受另一个部门或人员的监督；在纵向关系上，至少经过互不隶属的两个岗位或环节，使下级受上级监督，上级受下级牵制。对授权、执行、记录、保管、核对等不兼容职务及工作内容要做到互相独立、互相牵制。

3.协调配合原则

内部会计控制制度涉及现代企业管理工作的各项业务过程和各个操作环节，覆盖所有的部门和岗位，因此管理与执行的每一个人都必须相互配合，各项业务执行的每一个环节都要相互协调，从而保证现代企业各项经营管理工作得以持续有效进行。协调配合原则是对相互牵制原则的深化和补充。实际工作中尤其要避免只顾互相牵制而罔顾办事效率的愚钝、机械的做法，必须保证既相互牵制又相互协调，保质保量又高效地管理企业。

4.程序定位原则

现代企业应该按照实际经济业务的内容及执行过程中各个阶段的职责，根据其职责范围内的性质和功能将现代企业的经营管理活动设置成具体的工作岗位，明确各个工作岗位的职责内容、职责权限、执行规范、管控力度等，并明确到每个人，形成事事有人管、人人有专职、办事有标准、工作有检查的工作规范，以此定出奖罚制度，增强每个人的事业心和责任感，提高工作效率。

5.成本效益原则

现代企业是以营利为目的的经济体，因此必须保证现代企业实行内部会计管理控制制度的收益大于其产生的成本，保证现代企业运转的利益最大化。

6.层次效益原则

追求层次效益要求现代企业合理协调企业内控的层次与工作效率之间的关系，避免以单纯增加层次的方式获得较好内控效果的情况发生。以合理管控及高效运转为原则，恰当设置内控层次（或人员），明确划分各个层次的职责范围，确定各个层次执行的工作内容，制定合理的奖惩制度，保证现代企业内控制度的有效实施。

（四）现代企业财务管理中的内部控制

现代企业的不断发展，使得内部管理和控制的要求越来越高。内部控制是现代企业各项业务活动顺利有效进行的保障，同时也是进行有效财务管理的一个重要手段。现代企业内部控制的强弱直接影响着其财务管理水平的高低。通过完善现代企业内部的控制系统，可以及时地发现和纠正现代企业中各项管理的漏洞和薄弱环节，借以增强现代企业财务会计报表的可信赖程度，并提出改善现代企业财务管理和经营管理的建议，从而能够达到制止或减少作弊、消除或防止损失、改进现代企业财务状况的目的。

1.内部控制存在的问题与加强内部会计控制制度建设的必要性

（1）内部控制存在的问题

①现代企业管理者思想方面存在的问题

第一，内部会计控制意识薄弱。现代企业管理者与执行者对内部会计控制制度的认识不足，认为现代企业内部会计控制是多余的企业工作环节，浪费人力和物力，事倍功半，反而会束缚现代企业的发展。这些现代企业管理者与执行者或者简单地把内部会计控制制度理解成现代企业内部的资产控制及成本控制等制度，或者直接将其理解为指定的会计工作文件和工作制度。在实际会计控制制度的执行上，存在已订立的章法不依、执行不到位、管控不严谨，甚至为行一时之方便而简化必要程序的情况，导致现代企业既定的内控制度流于形式，并未发挥实际的管控职能。

第二，内部会计控制制度执行力不强，缺乏有效的激励机制。现代企业管理者往往不是专业的会计人员，对现代企业内部会计控制制度缺乏管控意识，执行标准也不尽统一，又缺乏明确的奖励惩罚制度约束。对于某些以追求短期利润为目标的现代企业而言，其内部会计控制在执行过程中会逐渐丧失作用，最终形同虚设，导致现代企业的运营管理陷入恶性循环。

②现代企业管控制度方面存在的问题

第一，现代企业内部会计控制的审计职能不强。现代企业的内部审计工作必须以企业日常运营管理工作为基石，它是现代企业内部会计管理制度正常、正确执行的保障，在现代企业内部控制执行中起着监督与控制的重要作用。然而很多现代企业认为内部审计工作是财务工作的内容之一，没有另设内部审计部门的必要；有些现代企业即使已设立了内部审计部门，却未能正确区分其余财务工作，将其与财务划为平行甚至隶属部门，摒弃了审计工作的独立性原则，使其不能正确发挥其监督管控的职能，不利于现代企业内部控制制度的实施与监督。

第二，现代企业内部会计控制信息系统相对滞后，更新换代缓慢。现代企业数字化信息管理施行后，所有的财务经营数据都集中在信息系统中进行操作处理，信息数据的备份与信息系统的技术维护工作也是内部控制的重要工作之一。各个企业的实际情况不同，导致其对信息系统的使用程度、管理方法等也大相径庭。例如，有的企业甚至至今仍在手工记账而并未进行信息数字电子化等处理；有的企业虽然已开始使用电子系统进行记账，但无人管理和维护系统，信息处理不及时，系统更新换代严重滞后。信息系统易错乱或受到外部篡改、盗取，导致出现信息丢失、信息失真、信息更新不及时等问题，危害企业的健康发展。

（2）加强内部会计控制制度建设的必要性

第一，加强内部会计控制制度建设是贯彻会计法律制度的重要基础。为了规范和加强会计工作，国家制定和颁布了一系列会计法律法规，这些会计法律法规是进行会计核算、实行会计监督和从事会计管理的基本依据。国家颁布的会计法律法规是从全国会计工作的总体要求出发而制定的，尽管在制定过程中尽可能地考虑到了不同地区、部门、行业、企业的会计工作的要求和特点，以及不同会计工作水平的要求，但对于具体各会计单位而言，仍需要结合现代企业自身生产经营和业务管理的特点与要求将国家颁布的会计法律法规的各项规定进行具体化，并作必要的补充，以使现代企业的会计管理工作能够渗透到经营管理的各个环节、各个方面。这种对国家会计法律法规具体化的办法和措施，就是现代企业内部会计控制制度。现代企业内部会计控制制度是国家会计法律法规的必要补充，是贯彻实施国家会计法律法规的重要基础和保证。各企业必须重视和不断加强内部会计控制制度建设。

第二，加强内部会计控制制度建设是规范会计工作秩序的客观要求。会计工作涉及各方面的利益关系，处理不当将会影响有关方面的利益，因此会计工作必须依法进行。现代企业内部会计管理制度不健全、会计核算混乱、财务收支失控，不仅损害了国家和社会公众利益，也给现代企业的经营管理带来消极影响。因此，各企业应当加强内部会计控制制度建设，使内部会计管理工作的程序、方法、要求等制度化、规范化，这样才能保证会计管理工作有章可循、有据可依、规范有序，才能保证会计工作发挥应有的作用。

第三，加强内部会计控制制度建设是完善会计管理制度体系的要求。以现代企业会计工作为例，《中华人民共和国会计法》（以下简称《会计法》）、会计准则和会计制度对企业会计工作的原则、基本方法和程序做出了规定，并赋予现代企业一定的理财自主权和会计核算选择权，这为现代企业会计工作更好地为经营管理服务提供了制度保证。但是上述规定只指明了现代企业会计工作的方向和目标，实现这些目标还需要现代企业结合内部管理要求对上述规定进行充实和细化，这样才能使会计法规和理财自主权落到实处，进而保证会计管理制度体系的完整性和有效性。

第四，加强内部会计控制制度建设是改善单位经济管理的重要保证。财务会计管理是单位内部管理的中心环节，是一项重要的综合性、职能性管理工作。一般而言，会计可以分为财务会计和管理会计。会计法规主要侧重于对财务会计的基本要求做出规定，管理会计方面的内容则因其是单位内部的管理行为而未涉及。但这并不是说在财务会计与管理会计两者之间可以厚此薄彼，实际上，财务会计与管理会计都是各单位内部管理的重要手段。因此，现代企业必须制定一套规范、完整的内部会计控制制度，充分保证财务会计和管理会计更好地参与现代企业的内部管理，使会计工作渗透到现代企业内部管理的各个环节。这不仅有利于更好地发挥会计工作的职能作用，还有利于改善现代企业内部管理，提高经济效益。

2.完善现代企业财务管理内部控制的措施

（1）管理体系方面

加快财务信息系统建设，大力推进现代企业管理数字化。现代企业应该积极推进财务管理信息系统建设，健全会计信息质量保证机制。现代企业财务管理信息系统的建设和完善，将有助于建立严密的会计控制系统，使会计核算从事后转到实时，财务管理从静态走向动态，实现"过程控制"，推进集中式财务管理，经过几年的努力，最终建立以预算控制为核心的财务管理信息系统，提供及时、准确、全面、实时的财务会计信息，满足现代企业决策层的需要。要利用信息技术，逐步建立现代企业数字化管理系统。

加强对内部控制行为主体——人的控制，把内部控制工作落到实处。现代企业内部控制失效，经营风险、会计风险产生，行为主体全是人。这里所指的"人"是一个企业从领导到有关业务经办人员的所有人员。只有上下一致，及时沟通，随时把握相关人员的思想、动机和行为，才能把内部控制工作做好。具体来说，领导除本身应以身作则，起表率作用外，还应做好以下几点工作：

第一，要及时掌握现代企业内部会计人员的思想行为状况。内部业务人员、会计人员违法违纪，必然有其动机，因此企业领导及部门负责人要定期对重点岗位人员的思想和行为进行分析，掌握可能使有关人员违法违纪的外因，以便采取措施加以防范和控制。

第二，对会计人员进行职业道德教育和业务培训。职业道德教育要从正反两方面加强对会计人员的法纪政纪、反腐倡廉等方面的教育，增强会计人员自我约束能力，使其自觉执行各项法律法规，遵守财经纪律，做到奉公守法、廉洁自律；加强对会计人员的继续教育，要特别重视对那些业务能力差的会计人员进行基础业务知识培训，以提高其工作能力，减少会计业务处理的技术错误。

（2）内部控制方面

构建严密的以内部会计控制为中心的现代企业内部控制体系。现代企业内部控制体系具体应包括三个相对独立的控制层次：

第一个层次是在现代企业一线"供产销"全过程中融入相互牵制、相互制约的制度，建立以"防"为主的监控防线。有关人员在开展业务时，必须明确业务处理权限和应承担的责任，对一般业务或直接接触客户的业务，均要经过复核；重要业务最好实行双签制，禁止一个人独立处理业务的全过程。

第二个层次是设立事后监督，即在会计部门常规性的会计核算的基础上，对其各个岗位、各项业务进行日常性和周期性的核查，建立以"堵"为主的监控防线。事后监督可以在会计部门内设立一个具有相应职务的专业岗位，由责任心强、工作能力全面的人员担任此职，并纳入程序化、规范化管理。

第三个层次是以现有的稽核、审计、纪律检查部门为基础，成立一个直接归董事会管理并独立于审计部门的审计委员会，通过内部常规稽核、离任审计、落实举报、监督审查现代企业的会计报表等手段，对会计部门实施内部控制，建立有效的以"查"为主的监督防线。

以上三个层次构建的内部控制体系对于及时发现问题、防范和化解现代企业经营风险和会计风险具有重要的作用。

（3）制度强化方面

强化外部监督，实行强制性审计并建立现代企业内部控制的披露制度。在法规体系初步健全、监督体系完整的情况下，监督效果也不尽如人意，会计信息失真问题也时有发生。解决这些问题的最佳方法就是对内部会计控制实施强制性的外部审计。一般的做法是：首先，现代企业对自身的内部会计控制进行全面而深入的自我评估，出具内部控制报告；其次，注册会计师就内部控制报告进行审计，并发表审计意见；最后，对外公开内部控制报告。需要说明的是，这种审计必须是强制性的，对外公布的内部控制报告必须履行法律手续。这样做的最大效应是可以增强现代企业管理层和注册会计师的责任感，迫使他们不断健全和完善现代企业内部会计控制制度，减少现代企业营运风险，提高营运效益，进而提高现代企业会计信息质量，增强资本市场的透明度和有效性，保护投资者的利益。

现代企业内部会计控制制度是一项不断更新、任重道远的工作。有企业存在，就有内部会计控制。好的内部控制制度可以帮助现代企业完成目标，保证现代企业经营合法合规，促进现代企业实现发展战略。改革的进一步深化对现代企业管理结构和产业的调整要求更加迫切，如何有效地利用内部会计控制体系来保证会计资料的完整性、会计数据的真实性以及会计工作的及时性，都依赖制度的创新。而内部会计控制制度的创新对新形势下财务报告资料的真实性与完整性就显得更为重要。

二、现代企业内部审计

（一）内部审计的概念

作为会计工作的重点，会计监督工作对现代企业来说有着特殊的意义。一般来说，现代企业内部需要建立相互独立而又相互联系的内部控制模式，从现代企业内部管理方面为会计工作的依法开展奠定基础。内部控制要做两方面工作：第一，要定期对现代企业的会计资料进行相应的内部审计和管理工作；第二，要加强对会计工作的监督和再监督，并在整个监督过程中，明确内部审计监督和会计监督的任务。因此，在现代企业的会计监督工作中，首先要明确会计工作人员的职责和义务，重视会计核算工作在会计工作中的作用，只有这样，现代企业的会计工作才能从真正意义上得到发展。

与此同时，新《会计法》也开始从法律层面重视内部审计监督工作，内部审计监督、评价有了更为科学完善的尺度。内部审计监督是内审人员对会计监督的再监督，是审计人员根据国家相关的财政法律法规及现代企业自身的情况，编制相关的模式并采用一定的程序，运用自身的技术和专业知识，对现代企业自身及其相关经济活动的合法性、合规性、合理性、效益性，以及反映经济活动资料的真实性进行审核与评定工作，并针对相应的结果提出改进工作建议的一种经济监督活动。因此，新《会计法》在法律的层面规定了财务会计工作和内部审计工作的合理合法性，并强调了两者的作用和意义，从而促进现代企业自身财务工作的开展。

(二) 内部审计在现代企业管理中的作用

1.内部审计是提高现代企业会计信息质量的重要方法

现代企业内部审计是一种企业自身独立的评价体系,并对现代企业的一切经济活动进行审查和评价,对现代企业管理起制约、防护、鉴证、促进、建设和参谋作用。内部审计工作能够及时发现会计管理工作中存在的问题,并及时向企业领导或者相关负责部门反映,以保证现代企业会计管理工作维持正常的秩序。现代企业在开展各项经济活动的过程中,自然离不开会计活动的参与,会计核算是否符合标准、会计制度是否违反了国家的相关法规和政策、会计信息是否存在失真问题,都是内部审计部门需要进行监督与控制的内容。可见,内部审计与财务会计的终极目标都是保证会计信息的真实、完整。

2.内部审计能够保证财务报告的真实可靠性

现代企业内部审计的职能已从查错防弊发展为企业价值的保值、增值服务。内部审计可以通过自己的监督工作,发现并纠正现代企业存在的问题,督促现代企业各级管理人员及全体员工遵纪守法,严格执行制度规定,对现代企业各项经济业务进行客观的会计核算并及时真实地披露会计信息,保证财务报告的真实可靠性。其目的在于增加价值和改进现代企业的运作。它通过系统化和规范化的方法,评价和改进风险管理,提高控制的有效性,帮助现代企业实现目标。由于内部审计人员熟悉现代企业经营环境并了解现代企业经济活动及其过程,因此有效的内部审计工作可以充分发挥强有力的监督功能,检查现代企业对下属各部门的管理控制效果,验证各下属部门经营层和财务负责人是否有效履行受托的经济责任职能。因此,内部审计能够充分发挥其评价职能作用,提高现代企业会计信息质量,增强现代企业防范会计风险的能力。

3.内部审计监督与现代企业财务会计共存是管理现代化的必然

现代企业内部审计是我国社会主义审计体系的重要组成部分,它的重要职能是进行经济监督和经济评价。建立内部审计制度也是国际上通行的做法。作为整个企业内部管理系统的内部控制子系统,现代企业内部审计越来越受到人们的重视。它不仅进行事后审计监督，还进行事中、事前的审计监督；不仅进行财务收支审计，还进行内部控制和经济效益审计；不仅对现代企业的各个部门或事项进行审计，还对现代企业的整个管理过程进行审计监督。随着我国社会主义市场经济体制的建立，内部审计正发挥着越来越重要的作用。财务会计和内部审计都是适应社会生产的发展和经济管理的要求，尤其是随着现代企业规模的扩大，为了适应现代企业经营管理的需求而产生和发展的。因此，现代企业财务会计和内部审计监督都是现代企业管理不可缺少的重要管理环节。

（三）加强现代企业内部审计的途径

1.增强内部审计能力，提高会计信息的有效性

我国内部审计在会计管理方面主要应该针对会计信息的真实性、合法性进行监督和审查。会计信息的有效性在我国企业会计管理中非常重要。审计的对象主要是会计报表、账簿、凭证等信息和资料。现代企业大多采用会计电算化方式来实现会计管理的高效性，在这样的情况下，审计工作就会显得不容易入手。内部审计也应该适应现代企业发展趋势，将对会计工作监督和检查的重点转移到对会计信息化管理的监督上来。在实现会计信息化管理以后，内部审计的工作可能会面临更多技术上和新会计制度上的挑战，因此，内部审计必须在工作能力上有所提高，保证自身工作能力符合现代化的技术需求。另外，内部审计必须审时度势，增强审计工作能力，进而提高会计信息的有效性。

2.合理设置内部审计机构，提高会计管理审计的有效性

随着我国经济体制改革的进一步深入和现代企业制度的逐步建立，现代企业的规模越来越大，层次越来越多，自主权空前扩大。但多数情况下，现代企业管理者只能实行间接控制，因此现代企业管理者需要一种保障，即保障现代企业控制系统按计划运作，并为他们提供一切必要的信息，以此来控制他们职责范围内的事情，内部审计则提供了这种保障。因此，要确保现代企业内部审计在会计管理方面发挥监督和检查工作的有效性，必须完善内部审计机构的体制，合理设置内部审计机构。

3.加强内部审计队伍建设，提升审计工作水平

内部审计人员要想成为现代企业风险的规避专家和会计舞弊的预警专家，不仅要懂得相关的会计业务，更要了解相关的法律法规，使自己具有扎实的专业知识和技术能力。因此，内部审计人员应该熟练运用内部审计标准程序和技术，灵活地开展审计管理工作，对现代企业会计中存在的各种舞弊现象进行深入了解和分析，进而找出正确的解决方案。只有这样，才可能较大幅度地提高内部审计人员的素质，使内部审计机构真正成为现代企业管理的臂膀，在现代企业管理中发挥应有的作用，更好地为现代企业的经济活动服务。

随着社会主义市场经济的不断完善，现代化企业管理制度逐步规范，企业之间的市场竞争日趋激烈，内部审计制度在现代企业财务管理中的地位和作用越来越重要。内部审计在现代企业财务管理中，对于降低企业财务风险、提高企业经济效益有着重要的作用，已成为现代企业健康生存与发展的重要保障。

（四）现代企业内部审计风险及应对管理

1.内部审计与风险管理的关系

（1）内部审计作为内部控制的重要部分，与风险管理密不可分

内部控制与风险管理的联系日趋紧密。在制定内部控制政策或评估特定环境中内部控制的构成时，现代企业决策层应对诸多风险管理问题进行深入思考。作为现代企业内部控制的重要组成部分，内部审计的工作重点也随之发生了变化：除了关注传统的内部控制之外，更加关注有效的风险管理机制和健全的现代企业治理结构；审计目标与现代企业最高层的风险战略连接在一起，内部审计人员通过当前的风险分析，确保现代企业经营目标的实现，使用适应风险管理原则的审核过程；内部审计的工作重点不仅是测试控制，确认、分析、揭示关键性的经营风险，才是内部审计的焦点。

（2）对现代企业风险管理进行监督和评价是内部审计发展的必然要求

内部审计以内部控制为生存与发展的基础，以对现代企业风险的评估与改善为目标，旨在增加企业价值和改善企业的运营。内部审计的范围延伸到风险

管理和企业治理，风险管理已发展成为内部审计的一项重要内容。内部审计的建议更加强调风险规避、风险转移和风险控制，通过有效的风险管理提高现代企业整体管理的效果和效率。

（3）内部审计介入风险管理具有独特的优势

内部审计机构在现代企业组织结构中占据独特的位置，能够客观地、从全局的角度管理风险，在风险管理中发挥着不可替代的独特作用。内部审计师更了解现代企业的高风险领域。会计信息系统提供的会计信息的真实可靠是内外部激励机制正常运行的前提条件，而有效的审计监督制度是确保这一前提条件实现的关键。外部审计对现代企业财务报表进行的审计，仅对其公允性发表审计意见，从而起到增强会计信息可信性的作用；而内部审计处于现代企业内部，对于现代企业内部控制、管理经营活动、风险管理都有透彻深入的了解。与外部审计相比，内部审计对现代企业治理发挥的作用在层面上更为深入，在范围上更为广泛。

2.内部审计运用于风险管理中应注意的问题

（1）建立科学的现代企业组织结构，理顺内部审计管理体制

要使内部审计机构能够有效地在现代企业风险管理中发挥作用，必须建立适合内部审计在风险管理中发挥作用的组织结构，使内部审计机构既能参与风险管理过程，又能独立行使职权。同时，还应建立有效的沟通机制，保证风险信息及时、完整地传达到内部审计机构。

（2）树立全新的审计监督理念，提高实施风险导向审计的审计人员的素质

树立内部审计大局观、总体观。传统的企业管理将注意力放在个别控制系统和经营机制上，而现代企业管理则强调总体管理的概念，把总体管理控制系统与现代企业的长远目标联系起来，把一旦达不到目标与可能发生的风险联系起来。

树立全新的审计监督理念，要实现两个方面的转变：第一，要实现合规性审计监督向风险性审计监督的转变；第二，要实现事后监督向事中、事前监督的转变。内部审计应积极探索，变被动为主动，防患于未然，提高监督效能。

（3）建立适合现代企业风险管理审计的审计程序

传统的标准化审计程序存在很大问题：一是不能对症下药，没有贯彻风险导向审计思想；二是很多时候，实施内部审计都是从财务资料入手，而很多的财务人员都系统地学习过审计，或有长期与各种内外部审计打交道的经验，熟知传统的、标准化的审计程序。他们从自身角度考虑，可能会预先设置一些障碍和防范措施，使内部审计人员无法突破。审计测试程序个性化就是为了克服传统审计测试的缺陷，针对不同的风险领域，采用个性化的审计程序。

目前，我国内部审计一般尚未与现代企业治理相结合，对风险管理还不够关注。为此，要逐步完善企业法人治理结构，明确企业外部和内部的委托代理关系，培养企业管理者的竞争意识和风险意识，形成内部审计的需求市场，为内部审计的发展创造良好的环境。同时，现代企业要顺应内部审计科学发展的客观规律，在实践中有意识地推动企业风险管理与内部审计的结合。作为内部审计人员，应该及时把握机遇，善于迎接挑战，以实践成果取得企业的信任，发展内部审计，使内部审计工作更具生命力。

第三节 现代企业投资管理

一、投资的目的

投资是现代企业以收回现金并取得收益为目的的现金流出，投资对于现代企业的生存和发展具有重要意义。现代企业的任何投资行为的最终目的都是获取最大的投资收益，从而实现现代企业价值最大化的理财目标。投资按资金的投向可分为对内投资和对外投资。对内投资包括固定资产投资和流动资产投资，对外投资包括证券投资和直接投资。但对于各个独立的投资项目来说，投资的具体目的又分为以下三种：

（一）增强竞争实力，取得投资收益

收益的取得可以表现为利润的增加，也可以表现为成本的节约。现代企业可以通过投资扩大原有市场的规模，或者开发新的产品和市场，从而扩大经营规模，以取得规模效益。另外，现代企业还可以通过投资引进效率更高的设备，或进行技术改造，从而降低成本和各项费用，达到增强竞争实力和增加收益的目的。

（二）降低投资风险

投资风险就是投资收益超出预期变动的可能性。现代企业各个投资项目的风险程度是不同的。当现代企业已有投资项目的风险都比较高时，企业就应考虑再投资一些低风险的项目，形成多元化投资或经营的格局，降低投资风险。

（三）承担社会义务

现代企业对生产安全设施和环境保护方面的投资，表面上看没有直接的经济效益，反而会增加眼前的支出，但这是现代企业对社会所尽的义务，能产生一定的间接效益和良好的社会效益。因此，现代企业应避免因安全或环保设施缺失等引起的人员和财产损失以及环境污染，维护现代企业的形象。从长远看，这实际上也是现代企业的一笔财富，而不能仅仅将其看作负担。

二、短期投资决策的基本程序

短期投资的对象一般为企业的流动资产，通常在 1 年以内就可收回。因此，短期投资决策程序比较简单。

（一）根据实际需要，提出投资项目

当企业需要进行集中的季节性原材料采购时，或者当出现有利的采购机会时，就要追加流动资金的投放；当企业现金有富余时，就可将暂时闲置的现金投资短期有价证券，以获取投机性收益。

（二）分析投资收益，做出投资决策

当提出短期投资项目后，要分析项目的收入与成本，以便确定投资的收益。当投资收益大于零或达到企业预定的投资报酬率时，投资项目才是可行的；但当企业用现金投资短期有价证券，特别是股票时，还应评估投资风险。

（三）积极筹措资金，及时组织投放

当确定短期投资项目后，应保证资金及时到位。资金来源应在综合考虑企业原有资金结构的基础上，从企业内部调剂或从外部融通。

（四）及时反馈信息，实施财务监控

由于企业各类短期投资频繁发生，因此资金投放后要及时反馈信息，并注意实时监控，确保实现决策目标。

（五）执行投资项目

制订期间计划，进行投资建设，包括设计图纸、根据决策方案详细制订分年度建设计划并实施工程建设。

（六）投资项目再评估

投资项目建成后，经过一段时间的投产运营，要进一步评估投资项目运转是否正常，预期收益能否实现，投资能否按时收回等。

三、货币时间价值

货币时间价值又称资金时间价值，是指货币随着时间的推移发生的增值。货币时间价值的基本表现形式为利息或利率，在实际运用中通常以终值和现值来表示。

（一）复利终值

复利终值是指在按复利计息情况下，一定数量的本金在未来某一时点的本息之和。

（二）复利现值

复利现值是指在按复利计息情况下，未来一定时点的货币资金折算的现在价值。

（三）年金终值

年金是指一定时期内，每期都收入或支出一笔相同金额的货币资金。年金有后付年金（又称普通年金）、先付年金、递延年金和永续年金四种形式。年金终值是在复利计息情况下，各期收入或支出相等金额的货币资金终值的总和。

（四）年金现值

年金现值是指在复利计息情况下，未来各期收入或支出相等金额货币资金的现值总和。

四、投资决策的方法

投资决策的方法有多种，按是否考虑货币时间价值划分，可分为非贴现法和贴现法两大类。非贴现法不考虑货币时间价值，计算较简单，但长期投资决策时间跨度大，不考虑货币时间价值的计算结果，在经济上并不可靠。贴现法要考虑货币时间价值，计算较复杂，但结果更为可靠。

（一）非贴现法

1.投资回收期法

投资回收期法是以投资额完全收回所需时间的长短来评价投资方案的方法。投资回收期的计算，因每年的现金净流量是否相等而有所不同。

2.年平均投资报酬率法

年平均投资报酬率法是通过计算投资项目寿命周期内平均的年投资报酬率来评价投资方案的方法。

在采用年平均投资报酬率法评价投资方案时，应事先确定一个企业要求达到的必要平均报酬率，只有当投资方案的投资报酬率等于或高于必要的投资报酬率时，投资方案才是可行的。如果有多个可行方案可供选择，则应选择投资报酬率最高的方案。

（二）贴现法

1.净现值法

净现值法是指通过计算净现值来反映投资的报酬水平并确定投资方案的方法。净现值是指投资方案在未来时期内的现金流入量，按照资金成本率或企业愿意接受的最低报酬率折算为现值后减去投资现值的差额。

净现值为正，说明该方案的投资报酬率高于企业的资金成本率或企业愿意接受的最低报酬率，则该投资方案在经济上可行；净现值为负，则方案不可行。在有多个备选方案时，应选择净现值最高的方案为最优方案。

2.现值指数法

现值指数又称利润指数或获利指数，它是投资项目未来现金流入的总现值与投资额现值之比。

现值指数法的优点是考虑了资金时间价值，能够真实反映投资项目的盈亏程度。

第四节 现代企业利润分配

利润分配是现代企业按照国家有关法律法规以及企业章程的规定，在兼顾股东与债权人及其他利益相关者的利益关系基础上，将获得的利润在企业与企业所有者之间、企业内部的有关项目之间、企业所有者之间进行分配的活动。利润分配决策是股东当前利益与企业未来发展之间权衡的结果，将引起企业的资金存量与股东权益规模及结构的变化，也将对企业内部的筹资活动和投资活动产生影响。

一、利润分配的基本原则

利润分配是现代企业的一项重要工作，它关系企业、投资者等有关各方的利益，涉及现代企业的生存与发展。因此，在利润分配的过程中，应遵循以下原则：

（一）依法分配原则

现代企业利润分配的对象是企业缴纳所得税后的净利润，这些利润是企业的权益，企业有权自主分配。国家有关法律法规对企业利润分配的基本原则、一般次序和重大比例也作了较为明确的规定，其目的是保障企业利润分配的有序进行，维护企业所有者、债权人以及员工的合法权益，促使企业增加积累，增强风险防范能力。国家有关利润分配的法律法规主要有《中华人民共和国公司法》（以下简称《公司法》）、《中华人民共和国外商投资法》等，现代企业在利润分配时必须切实执行上述法律法规。利润分配在企业内部属于重大事项，企业必须在不违背国家有关规定的前提下，对企业利润分配的原则、方法、决策程序等内容做出具体而又明确的规定，企业在利润分配中也必须按规定办事。

（二）资本保全原则

资本保全是责任有限的现代企业制度的基础性原则之一，企业在分配中不能侵蚀资本。利润的分配是对经营中资本增值额的分配，不是对资本金的返还。按照这一原则，一般情况下，企业如果存在尚未弥补的亏损，应首先弥补亏损，再进行其他分配。

（三）充分保护债权人利益原则

按照风险承担的顺序及其合同契约的规定，现代企业必须在利润分配之前偿清所有债权人到期的债务，否则不能进行利润分配。同时，在利润分配之后，现代企业还应保持一定的偿债能力，以免产生财务危机，危及现代企业生存。此外，在企业与债权人签订某些长期债务契约的情况下，其利润分配政策还应征得债权人的同意或审核方能执行。

（四）多方及长短期利益兼顾原则

利益机制是制约机制的核心，而利润分配得合理与否是利益机制最终能否持续发挥作用的关键。利润分配涉及投资者、经营者、职工等多方面的利益，现代企业必须兼顾各方利益，并尽可能地保持稳定的利润分配。在现代企业获得稳定增长的利润后，应增加利润分配的数量或百分比。同时，由于发展及优化资本结构的需要，除依法必须留用的利润外，现代企业仍可以基于长远发展的考虑，合理留用利润。在积累与消费关系的处理上，现代企业应贯彻积累优先的原则，合理确定提取盈余公积金和分配给投资者利润的比例，使利润分配真正成为促进现代企业发展的有效手段。

二、利润分配的顺序

现代企业向股东（投资者）分派股利（分配利润），应按一定的顺序进行，应符合我国《公司法》的有关规定。

（一）弥补以前的年度亏损，计算可供分配的利润

将年净利润（或亏损）与年初未分配利润（或亏损）合并，计算出可供分配的利润。如果可供分配的利润为负数（即亏损），则不能进行后续分配；如果可供分配的利润为正数（即本年累计盈利），则进行后续分配。现代企业在提取法定公积金之前，应先用当年利润弥补亏损。现代企业年度亏损可以用下一年度的税前利润弥补，下一年度的税前利润不足弥补的，可以在 5 年之内用税前利润连续弥补，连续 5 年未弥补的亏损则需要用税后利润弥补。其中，税后利润弥补亏损可以用当年实现的净利润，也可以用盈余公积转入。

（二）提取法定盈余公积金

根据《公司法》的规定，法定盈余公积金的提取比例为当年税后利润（弥补亏损后）的 10％。当年法定盈余公积金的累积额已达企业注册资本的 50％时，可以不再提取。法定盈余公积金提取后，根据企业的需要，可用于弥补亏损或转增资本，但企业用盈余公积金转增资本后，法定盈余公积金的余额不得低于转增前企业注册资本的 25％。提取法定盈余公积金的目的是增加企业内部积累，以利于企业扩大再生产。

（三）提取任意盈余公积金

根据《公司法》的规定，企业从税后利润中提取法定公积金后，经股东大会决议，还可以从税后利润中提取任意盈余公积金。这是为了满足企业经营管

理的需要，控制向投资者分配利润的水平，以及调整各年度利润分配的波动。

（四）向股东（投资者）支付股利（分配利润）

根据《公司法》的规定，企业弥补亏损和提取公积金后所余税后利润，可以向股东（投资者）分配股利（利润）。其中，有限责任公司股东按照实缴的出资比例分取红利，全体股东约定不按照出资比例分取红利的除外；股份有限公司按照股东持有的股份比例分配，但股份有限公司章程规定不按照持股比例分配的除外。

此外，近年来，以期权形式或类似期权形式进行的股权激励在一些大企业逐渐流行起来。从本质上来说，股权激励是企业对管理层或者员工进行的一种经济利益分配。

第五章 现代企业价值管理

第一节 企业价值概述

一、企业价值的概念

企业价值中的"价值"是一个争议较大的经济学概念。马克思的劳动价值论认为，商品的价值是凝结在商品中的无差别人类劳动。劳动创造了价值，劳动具有抽象劳动和具体劳动二重性质，抽象劳动创造了商品的价值，具体劳动创造了商品的使用价值。

"价值"究竟是一个主观范畴还是一个客观范畴？阿尔弗雷德·马歇尔（以下简称"马歇尔"）通过均衡价值理论对这一问题进行了调和。在他看来，价值既取决于供给因素，又取决于需求因素。从供给方面看，生产费用是决定产品价值的因素；从需求方面看，效用或边际效用是决定产品价值大小的因素。商品最终价值的决定是供求双方共同作用的结果，这一价值理论就是所谓的均衡价值论或均衡价格论。由于供给方面的"费用"因素属于客观范畴，需求方面的"效用"因素属于主观范畴，因此，在马歇尔看来，价值这一概念既带有主观性，又带有客观性。

《国际评估准则2007》对"价值"的定义为："价值是一个经济概念，指买卖双方对可供购买的商品或服务最有可能达成协议的价格。""价值并非（一般意义上的）事实，而是特定时点根据特定价值定义，对商品和服务进行交易最可能成交价格的估计额。价值的经济学概念反映了在评估基准日，市场对某人拥有某项商品或接受服务而具有的利益的判断。"

从价值评估的角度，认为"价值"是"拥有某项商品或接受服务而具有的利益的判断"也许更容易得到认同。更准确地讲，价值是用货币表示的，在特定时点、根据特定价值定义，对某项商品或服务所具有的利益的判断。这些利益可以是当期的，也可以是商品或服务带来的未来的利益。具体到企业，企业设立与存续的目的是盈利。对企业投资者而言，价值概念中的"利益"体现为投资者所拥有的企业的未来盈利及相关权益。因此，企业价值可以定义为：用货币表示的，在特定时点、根据特定价值定义，对企业未来盈利性和相关权益的判断。

企业价值的概念表明企业价值具有以下几个特点：

第一，整体性。企业盈利性是企业各种单项资产（有形资产和无形资产）构成的经济综合体在现实市场环境、内部管理和外部影响等条件下的获利能力的体现。企业价值的载体是企业的整体资产或企业某一部分资产有机构成的资产组合，整个资产组合的价值并不简单等于各单项资产价值之和，而是在"1+1＞2"的组合效应基础上体现出来的资产整体价值。

第二，前瞻性。企业价值在于企业未来的盈利，未来盈利能力越强，创造的经济利益越多，企业价值越大，反之则越小。企业过往盈利业绩只能成为历史，和企业价值没有必然联系，并不是说过去盈利能力强，企业价值就大，过去盈利能力弱，企业价值就小。

第三，动态性。企业面临不断变化的内部环境和外部环境，宏观经济政策、中观产业政策、微观经营管理政策的变化都会影响企业的盈利能力，进而影响企业价值的高低。这就是说，企业价值处于一个动态变化过程中，企业价值多少是针对某一特定时点而言的，所谓企业价值评估是评估某一特定时点即评估基准日的企业价值。

二、企业价值的经济学分析

从"质"的角度看，企业价值取决于企业未来盈利。企业通过持续不断的经营活动，创造盈利满足投资者的逐利需求，即企业价值在于企业未来的收益流。从"量"的角度看，企业价值量的大小并不等于未来收益流的简单相加，而是等于未来收益流的折现值。之所以要对收益流进行折现，是因为投资者对财富（通常以货币资金代表）具有时间偏好，同时对财富的消费存在边际效用递减现象。投资者对财富的时间偏好表明，在对财富当期消费和未来消费进行选择时，投资者倾向当期的财富消费，即财富当期消费效用大于未来财富消费效用。若以货币资金作为财富的代表，由于投资者存在对货币资金的时间偏好，同样数量的货币在不同时点具有不同的效用，投资者进行投资是跨期消费决策的结果，将财富转化为投资意味着投资者为了将来消费而放弃了当期消费，既然投资者放弃了当期的消费，那么就必须获得相应的补偿。举例说明，若投资者乐于将本用于当期消费的 100 元钱转化为投资，而 1 年后 105 元消费所带来的效用满足与当期 100 元消费所带来的效用满足相同，其中多出来的 5 元，就是给予投资者放弃当期消费的补偿。

一般而言，投资者时间偏好补偿的大小等于无违约风险资产的固定收益，此处的无违约风险资产意味着其所给予投资者的时间偏好补偿具有确定性，对于补偿数量、补偿时间和补偿方式，投资者事前能够准确预期。然而，企业给予投资者的时间偏好补偿则具有不确定性，企业未来究竟能否盈利、能否给予股东补偿、补偿数量是多少，企业和投资者事先都不知晓。也就是说，企业对投资者的时间偏好补偿具有风险性，企业投资者因为承担了这种风险而需要另外再得到补偿，这种补偿是财富边际效用递减规律作用的结果。

财富边际效用递减规律表明，随着财富的增加，单位财富增加的效用满足不断下降；而随着财富的减少，单位财富导致的效用满足减少不断增加。为了使投资者的效用满足不因时间偏好补偿的不确定性而减少，则必须追加财富的消费。假设投资者将 100 元投资于年收益 5％的国债，则 1 年后可以肯定获得 105 元的消费，效用满足为 70 个单位。若将 100 元投资于企业，则无法肯定能够获得 105 元的消费（为方便起见，假定企业仅经营 1 年时间），假设企业有 50％的概率给予投资者 2 元的股息，有 50％的概率给予投资者 8 元的股息，加上 100 元股本金，则投资者 1 年后可消费财富有 50％的概率为 102 元，有 50％的概率为 108 元，财富期望值为 105 元。以 105 元的财富消费为基准，由于财富边际效用递减规律的作用，在获得 2 元股息、财富消费为 102 元的情况下，投资者获得的效用为 68 个单位，减少 3 元消费所带来的效用损失为 2 个单位；而在获得 8 元股息、财富消费为 108 元的情况下，投资者获得的效用为 71.2 个单位，增加 3 元消费所带来的效用增加仅为 1.2 个单位，最终投资者的效用期望值为 69.6 个单位（68×50％+71.2×50％），小于 105 元消费的效用 70 个单位。为了使投资者在不确定性情况下的消费效用与 105 元消费效用相同，即仍然为 70 个单位，则必须增加投资者的财富支出，即以 105 元消费为基准，增加 8 元消费所带来的效用满足与减少 3 元消费所带来的效用损失相同，同为 2 个单位，此时，投资者的效用期望值为 70 个单位，财富收益期望值为 7.5 元（期望收益率为 7.5％），扣除时间偏好补偿 5 元，剩余的 2.5 元即为风险溢价（风险报酬率为 2.5％）。

由于存在消费的时间偏好以及财富的边际效用递减现象，对于任何一个理性的投资者而言，他所愿意支付的投资额不会超过所投资资产带来收益额的现值。任何股票、债券或企业今天的价值，都取决于该项资产在其剩余期限内预期所能产生的现金流入量或流出量，用恰当的折现率计算的折现值大小。也就是说，企业今天的价值应该等于以和未来收益流风险程度相适应的折现率对预期收益流进行折现后的数额。

第二节 现代企业价值管理的内涵与意义

如今，金融市场的参与者越来越多地通过杠杆收购、敌意收购、代理竞争等方式参与到现代企业经营中来。同时，首席执行官也通过并购、重组、杠杆收购、股份回购等方式，领导现代企业积极参与到金融市场中去。因此，资本市场向现代企业管理者提出了要求：他们需要管理价值，需要关注现代企业和经营战略所创造的价值。

然而，一些企业虽然声称致力于"实现股东价值"，却并没有付诸实践；还有一些企业虽然制定了创造价值的战略，但却不能实现。因此如何创造、计量、评价和实现股东价值是现代企业所面临的问题。

一、现代企业价值管理的内涵

关于价值管理（Value Based Management，VBM）的概念存在很多流行的观点。有的侧重于其结果含义，有的则将其看成以价值为导向的过程管理和结果管理的有效结合。例如，美国管理会计师协会（The Institute of Management Accountants，IMA）指出，VBM 是将企业的整体目标、分析方法和管理流程结合起来，通过对股东价值的关键驱动因素的管理决策，帮助实现企业最大价值的一种管理方法。

笔者认为，现代企业价值管理是以股东价值最大化为目标，以企业价值评估为基础，以提升价值创造为导向，以决策、计划、控制、评价、激励为手段的一整套管理模式。

二、现代企业价值管理的意义

对现代企业实施价值管理的意义如下：

第一，现代企业价值管理使企业内每个人的行动与价值创造和股东目标保持一致，这是现代企业价值管理的真正意义所在。

第二，现代企业价值管理是一种理念。价值管理促使我们在企业所有层面（从企业的产品和服务到企业间的并购重组，从企业所依赖的投资资本到优良的人力资源）对价值进行科学的管理，以全面获得竞争优势。

第三，现代企业价值管理是一套规划和实施程序，它按照股东价值最大化的原则来制订并执行战略计划。

第四，现代企业价值管理是一系列工具。现代企业价值管理是一系列实用的管理工具，它能使我们了解什么能够创造企业价值，什么会毁损企业价值。

实证研究表明，实施价值管理的企业的业绩要比没有实施价值管理的同类企业要好。例如，一项对《财富》世界 500 强企业的调查显示，奉行股东价值最大化的企业比同行的经营业绩要高 5％。在一个以价值为导向的企业中投入1 美元，5 年后其价值可能会超过 2 美元；而将同样的 1 美元投资在其他企业中、5 年后的价值可能只有 1.5 美元。可以发现，实施价值管理的结果就是可以制定并实施能创造更多价值的决策，从而提高企业收益和股东价值。

当通用电气集团原执行总裁杰克·韦尔奇被问到他为谁的利益而经营企业时，他回答说："我们都在试图使股东、员工和社会之间达到适当的平衡。但这可不容易，因为如果最终不能使股东满意，我们就无法机动灵活地照顾员工或社会。在我们这个社会，不管你愿不愿意，都必须让股东满意。"那么，如何才能使股东满意呢？可口可乐前执行总裁罗伯特·戈伊苏埃塔坚信，企业管理者应该最大限度地增加股东的财富。他说过："管理人员拿薪水不是为了使股东舒适，而是为了使股东富有。"因此，现代企业管理层要成为价值管理者，追求企业价值最大化目标。

第三节 现代企业价值管理的基本框架

随着人们对价值评估认识的不断深化，现代企业价值评估已不仅仅是对现代企业价值创造预期结果进行度量的手段，更是分析现代企业在价值创造过程中的有关信息、管理现代企业价值创造活动的重要途径。

现代企业价值管理的基本框架是在增加企业股东价值这一根本目标下发展和建立的，它和所有的组织框架一样，是对实践中复杂的具有相互依赖性、共同选择和反馈的各种管理方法在理论上的一种抽象概括，是通过针对现代企业的价值驱动因素的管理决策进行价值创造的体系。虽然各个企业的价值管理框架都不尽相同，但它们大致包括四个基本步骤：战略计划、内部报告、业绩评价、激励机制。

一、战略计划

在现代企业价值管理框架下，战略的制定是不可缺少的一个环节。那么，现代企业如何形成有效的、能够创造价值的战略？

现代企业价值模型是由收益、增长、风险三个维度构成的。因此，形成有效战略的前提是对现代企业收益、增长、风险三维的动态平衡度的必要关注。利润通常不应是制定战略所关注的核心，价值管理只有完成收益、增长、风险三重管理任务，现代企业才能走得更稳、更远，价值目标才能得以保证。

基于价值管理的情况，现代企业的目标一定是股东价值最大化，现代企业战略选择将以创造股东价值为导向。在战略制定的过程中，企业目标通常被看作已知的，因此战略制定就是选择能够达到这些目标的方向和途径的过程。

因为战略往往决定现代企业在未来相当长一段时期的目标，因此其实现需要通过战略规划进一步细化。对于现代企业而言，战略规划是一个长期的战略计划，它决定现代企业将采取的方案和这一方案在接下来的年度内所需分配的资源数量。战略规划的实施需要转变为年度的经营活动，因此为了保障战略规划的最终实现，由战略规划形成的战略目标需要进行进一步的分解和落实，从而转变为单一经营年度的战略计划。可见，战略计划是战略规划的分解，是战略规划得以实施的保证。

从内容上看，战略计划应该是对影响战略实现的关键价值驱动因素的进一步细化和落实，因此它是与整个企业的价值创造战略目标和战略规划紧密结合在一起的。关键价值驱动因素既包括财务方面的，也包括非财务方面的。一方面，财务结果往往属于一种综合性的事后反映，具有滞后效应和短期效应；另一方面，非财务活动往往是财务结果获得改善的关键动因，许多企业的实践活动已经证明非财务要素的变动最终影响了企业财务业绩。这样通过分析战略目标和战略规划对于经营活动各方面的基本要求，就可以进一步形成战略计划，明确关键价值驱动因素，使企业的战略规划和战略目标转化为更为详细的控制目标。

关键价值驱动因素需要进一步细化为业绩评价指标和业绩评价标准，这是因为关键价值驱动因素往往属于对现代企业战略目标和战略规划的实现起决定作用的因素，通常只表现在有限的若干方面。现代企业的高层管理者需要将具有总括性的目标尽可能地细化和分解，使之成为具有可操作性和责任清晰的业绩评价指标和业绩评价标准。这一方面需要设计业绩评价指标，从定性的角度来对关键价值驱动因素进行反映，解决"评价什么"的问题；另一方面需要设置业绩评价标准来衡量关键价值驱动因素的实现程度，解决"评价多少"的问题。由于关键价值驱动因素包括财务和非财务两个方面，因此相应的业绩评价指标也分为财务指标和非财务指标两种类型。

可见，战略计划为现代企业管理者对企业经营活动的控制和战略目标的实现提供了依据和标杆。

二、内部报告

内部报告也可以称为信息与沟通，它是完成价值管理的另一个必要环节。内部报告是指由企业内部编制，并在企业内部传递，为董事会、管理者和其他员工所使用，主要目的在于满足他们控制战略实施、实现战略目标的信息报告。内部报告并不局限于传统意义的管理会计报告，它包括凭证、账簿、报表、表格、图形和文字说明等多种形式，同时也区别于遵循企业会计准则编制并对外提供的财务会计报告。

为什么在价值管理中，需要有内部报告？因为对于现代企业管理者而言，没有信息就不可能做出决策，就不知道战略实施的效果与业绩评价目标的差异程度，也就无法进行差异分析和采取纠正偏差的措施，战略实施也就难以控制。信息只有通过反馈和沟通才能获得，沟通包含信息的有效传递和正确理解。在实践中，很多企业既有战略目标和战略规划，也有战略计划，但是战略实施却缺乏效果效率，原因之一就是战略计划的执行流于形式，没有根据战略计划建立相应的信息反馈和沟通机制。信息反馈和沟通机制的设计包括会计信息系统的设计和业务统计信息系统的设计，它们分别可以提供财务评价信息和非财务评价信息，最终形成一套完整的内部报告系统。当然，信息的可靠性对于业绩评价结果的真实性很重要，因此信息反馈和沟通机制的设计还应该包括确保信息真实可靠的信息审核系统，否则很有可能出现"输进去的是垃圾，输出来的也是垃圾"的情形，从而误导决策。内部报告可以分为正式的业绩评价报告和非正式的业绩评价例外报告。无论是正式的业绩评价报告，还是非正式的业绩评价例外报告，都可以反映现代企业各级管理者的管理业绩，一方面起到反馈管理信息的作用，另一方面达到监督现代企业管理者的效果。

三、业绩评价

如果说现代企业目标和战略规划决定了整个业绩评价系统的评价目标（系统运行的基本方向），那么企业战略计划则进一步决定了业绩评价指标的内容（战略实施的期望结果）和业绩评价标准的水平（战略实施的期望效率）。如果没有企业战略，业绩评价指标的选择和业绩评价标准的制定就会失去基础。从另一个角度来看，业绩评价是企业战略的实施工具，如果没有业绩评价，就无法在企业所要实现的战略规划和所要采取的行动方式之间建立起一种清晰的关系，就无法引导现代企业管理者和员工采取正确的行动。

业绩评价可以被视为一个连贯的、整体的计划和控制系统中的重要一环，用来支持和推动现代企业"对于价值的追求"。业绩评价体系是价值管理框架体系中对最终价值实现成果的评价和考核。

现代企业可以根据企业的具体环境选择适合自身的业绩评价体系。但价值管理框架体系中业绩评价体系的设计，更强调的是综合业绩评价的设计而非传统的单一财务指标体系。另外，财务指标和非财务指标的选择要平衡、恰当。最后，业绩评价体系所得到的评价结果一定要和现代企业的具体目标和战略相对接，用以最终衡量是否实现具体的价值目标以及战略是否有效。

由于业绩评价指标可分为财务指标和非财务指标两大类，因此，业绩评价的内容也包括财务评价和非财务评价两个方面。在基于价值管理的现代企业理财环境下，企业财务活动及其效率和效果的综合性以及与企业目标的统一性，必然使财务评价成为企业业绩评价的重点。通过财务评价，可以衡量企业在某个时期为股东实现的财务业绩以及创造的股东价值。财务评价在实践中得到广泛应用，除了因其重要性以外，还因为财务指标计算数据的生成严格遵循会计准则和会计程序，具有较高程度的可比性和可靠性。尽管如此，财务评价并不是企业业绩评价的全部。仅仅进行财务评价，无法反映企业股东价值创造活动的全部，也无法全面地反映企业价值驱动因素。特别是在基于价值管理的现代企业理财环境中,经济全球化、信息革命和市场的瞬息万变导致企业竞争加剧。从现实来看,企业竞争的核心已经转变为技术竞争和人才竞争。物质资本在企业股东价值创造活动中的作用逐渐下降,企业的无形资产比重逐步上升。知识资本对企业股东价值创造产生了越来越重要的影响,包括研究开发、员工培训和品牌建设等活动在内的非财务活动对企业未来财务业绩和股东价值创造具有长期效应。许多研究者认为,非财务指标能够有效地解释企业实际运行结果与计划之间的偏差,如市场占有率和产品质量等非财务指标可以有效地解释企业利润和销售收入的变动。此外,非财务指标能够更为清晰地解释企业的战略规划以便对战略实施进行过程控制。在这种情况下,对企业的业绩评价,已经逐步从仅仅依赖财务评价过渡到强调财务评价和非财务评价相结合。

业绩评价系统根据不同的划分标准可以分为不同的模式。以评价指标的计算基础为主要划分依据,综合考虑评价目标、评价方法等其他因素,可以将业绩评价产生以来出现的业绩评价系统分为成本控制、会计基础、经济基础、战略管理和利益相关者五种模式。这五种模式都与财务评价有关,其中,成本控制模式、会计基础模式和经济基础模式强调财务指标的应用,属于财务评价类型;而战略管理模式和利益相关者模式虽然强调非财务评价指标的应用,但同时也肯定了财务评价指标的作用,因此也包含了财务评价。会计基础、经济基础和战略管理是目前为止已被人们广泛接受并在实践中得到普遍应用的业绩评价模式,所以这三种业绩评价模式是构建反映价值创造的业绩评价系统的主要选择。

会计基础业绩评价模式的主要特点就是采用会计基础指标作为业绩评价指标,会计基础指标的计算主要利用财务报表的数据。会计基础业绩评价模式的内容和方法根据评价对象与评价目的的不同而有所不同:既可以是对筹资活动、投资活动、经营活动的综合评价,也可以是对盈利能力、营运能力、偿债能力和增长能力的综合评价。

经济基础业绩评价模式的主要特点是采用经济基础指标作为业绩评价指标,经济基础指标的计算主要是采用经济利润的理念。与传统的会计基础业绩评价模式相比，经济基础业绩评价模式更注重股东价值的创造和股东财富的增加。

四、激励机制

要使价值管理在现代企业实践中真正获得实施，需要明确两个问题，那就是在实施价值管理之后，现代企业管理者实现业绩评价目标将获得什么报酬；反之，如果没有达到业绩评价目标应该受到什么处罚。解决问题的措施就是构建激励机制。现代企业通过设计报酬计划，并与业绩评价结果挂钩，一方面通过奖励等手段激发现代企业管理者采取正确行动的内在积极性，诱导期望行为的发生；另一方面不允许某种行动发生，一旦发生则对现代企业管理者进行处罚。因此，建立一个以股东价值最大化为基础的激励机制是价值管理的必要部分。

对于现代企业而言，如果不将业绩评价结果与现代企业管理者的激励挂钩，那么业绩评价就会失去其应有的功能，就很可能导致战略控制失败，价值管理也就容易流于形式。在实践中，很多企业战略计划的执行缺乏严肃性，原因就在于没有将业绩评价与激励机制相互结合。业绩评价依据的是一套业绩评价指标体系，而现代企业管理者的薪酬却又取决于其他因素。激励机制的设计应该和业绩评价系统设计相配合，也就是需要与评价指标和评价标准吻合。值得指出的是，本阶段业绩评价结果及其处理还会为下一阶段战略计划的形成提供支持性的信息，甚至影响到战略目标和战略规划的调整。

"只有加以测评和奖励，人们才有动力把事情做好。"现代企业面临的一个问题是：为了使员工留在企业并为企业所有者创造价值，要如何最好地激励和奖赏他们？如果企业所有者不经常检查和监督企业的业绩和决议，就需要薪酬计划使员工动机和企业所有者动机一致，这就是价值管理激励计划的实质。

现代企业在制订基于价值的激励计划时，应选取个人、团队或部门有能力实现的目标，并且这些目标与其责任对应是重要的。同时，激励应该和财务目标与非财务目标联系起来。一般来说，激励计划可以按照下面的方式来设计：

第一，最高管理层的激励仅仅和财务目标相联系。建议采用经济增加值模型（Economic Value Added，EVA）指标作为短期价值评估指标，股价可作为长期激励计划的目标。和股票相关的激励应该是长期的，这样做是为了避免股价受到人为操纵。

第二，业务部门经理的激励以整个企业财务目标、具体业务部门财务目标、具体业务部门非财务目标相结合为基础。业务部门的非财务目标应该基于非财务关键价值驱动因素。不同业务部门的经营特点通常是不同的，因此不能使用相同的目标，目标必须适合于各个业务部门。

第三，职能经理的报酬可以主要依据他所负责领域的非财务测量指标来确定。比如，对于销售经理，非财务指标可能是顾客满意度；而对于产品开发经理，可能是产品开发时间和新开发产品的销售额。小部分财务目标可以作为补充激励措施。

第四，其他员工的报酬通常主要依据和职能经理一样的测量指标，而不是依据个人或团队水平，也不是依据业务部门水平。

第四节 投资者沟通与价值实现

一、投资者沟通

将现代企业价值管理框架运用到企业实践中，究其本质就是现代企业管理者如何针对企业价值驱动因素，通过战略计划、内部报告、业绩评价以及激励机制这些程序实施管理，以实现股东价值最大化目标。不可忽略的是，现代企业价值创造的另一个要素就是确保企业的股票市场价格能够正确反映其创造价值的潜力，这点对公开上市的企业尤其重要。为了使投资者支持股票价格，上市企业需要与投资者保持有效的联系和良好的沟通。

虽然首席执行官和首席财务官花费了大量时间与投资者进行沟通，而且所花时间还在不断增加，但是他们常常对和投资者互动的效果感到失望。

现代企业需要一个系统化的方法与投资者进行有效的沟通。由于股权激励以及控制权市场的压力，企业管理层极其关心企业的股价，始终担心股价不够高，或者市场不能充分理解他们的企业。与投资者进行高效沟通可以帮助企业的内在价值与企业的股票市场价格保持一致。股票价格与内在价值的协调应该是投资者沟通的核心，而不是单纯地追求最高股价。如果企业的股价超过了其内在价值，那么当市场了解了企业的绩效后，其股价最终会下跌。股价过高可能会鼓励企业管理者采用激进的短期策略去支撑股价，如降低能够创造企业长期价值的资本投资或研发投资等。但股价下跌后，员工士气受挫，企业管理层必须面对董事会的质疑。另外，股价太低会使企业面临并购的威胁。

二、价值实现

如果企业想让潜在的投资者觉得企业正在为股东创造较高的股东价值，就必须向投资者推销自己。有效的投资者沟通至少应该能够做到以下几点：第一，投资者沟通战略应该基于价值评估，也就是要对市场价值进行彻底分析，并对企业内在价值进行细致评估；第二，企业向投资者传递的信息应该与企业根本的战略和绩效保持一致；第三，通过企业财务报告及其他方式，向投资者提供企业经营业务所涉及的价值评价因素、相对应的财务指标以及评价企业和个人绩效的结果，也就是企业要保持高度的透明度；第四，进行投资者沟通首先需要了解企业的投资者，并评价哪些投资者最为重要。

更具体来讲，从投资者关系角度来说，正确的自我推销应该包括以下几点：第一，安排首席执行官和首席财务官参与正式的、与投资界沟通的计划，如例常性地拜访主要的投资机构，这种活动每年至少应进行一两次；第二，为重要的投资者提供联络的机会，以投资者关系部作为与首席执行官沟通的桥梁；第三，注意那些可能给企业带来未来收益的机构，可考虑采取一些手段，如利用那些在特定行业中占有重要地位的机构提供的专家调查结果或搜索专家数据库等手段，找到那些已经在同一行业中取得竞争地位的机构；第四，如果企业要进行某些变革，如改变股利政策，就要对这一变革是否能使企业为股东创造更多的价值进行评估；第五，向投资者明确地传递关于未来价值增值和经营业绩的消息。

第六章 现代企业管理创新实践

随着现代企业进一步国际化和市场化，管理创新越来越重要。创新是现代企业持续发展的动力和源泉，企业管理创新对企业的全面发展有着极其重要的意义。

第一节 现代企业管理创新体系

一、观念创新

观念创新是现代企业一切创新活动的前提。观念创新是指形成能够比以前更好地适应环境的变化并更有效地利用资源的新概念或新构想的活动。它是以前所未有的、能充分反映并满足人们某种物质或情感需要的意念或构想，来创造价值的活动。现代企业管理者应该自觉进行观念创新，以适应迅速变化的企业内外环境。同时，观念创新是没有止境的，现在的新观念，经过几年之后可能就变成了老观念。因此，只有不断地进行观念创新，不断产生适应并领先时代发展的新思想、新观念，并具体落实在管理活动上，组织才能得到良好发展，否则就会被无情的市场竞争所淘汰。从这个意义上来说，观念创新是组织成功的导向，是其他各项创新的前提。

无论是企业家的观念创新还是企业经营观念的创新，都需要一定的前提条件，也都会存在着各种各样的风险。观念创新要有充分的准备，它是一个充分积累、学习的过程。在观念创新的前提条件中，最核心的一条就是不断学习。学习既包括对前人、别人的思想和经验的学习，也包括在主体本身实践中的思考和学习。

当前，"组织的学习"和"学习的组织"已成为热门话题。组织的学习是指组织为适应环境变化和自身发展的需要，不断地吸收、处理外界信息，调整自己的生存结构、方式和内涵，以最大限度地形成面对环境的应变能力和面向未来的发展能力。组织的学习不是孤立地单指组织成员个体的学习，而是指以组织作为整体，包括从体制、机制到群体组合在内的系统活动。个体的学习不是组织学习的全部要求内容，而是实现组织学习的途径和表现。组织的学习不等于单个成员学习的简单相加。学习的组织是指已经形成有效学习机制的组织。

二、组织创新

组织创新是指随着生产的不断发展而产生的新的企业组织形式。组织是对资源的一种配置方式，包括对人力、物力与财力资源及其结构的稳定性安排。组织的基础是其目标的认同性，而这种认同必须建立在对其成员责、权、利关系的合理界定上。作为资源配置的另一种基本形式，市场是具有不同目的的个体之间进行各种交易的协作体系，这种协作是一种相互有利的过程，能使个体更好地实现其目的。由于组织具有相对的刚性，而市场富有较大的弹性，两者此消彼长，因此无论是怎样的经济制度，要想有效地开发利用资源，都无法单独依赖组织或者市场作为其配置资源的唯一方式。由于在不同的经济发展阶段对资源配置的要求不同，因而合理地选择和安排好两者的主次和轻重关系，对推动经济进一步发展有决定性的作用。

由于组织与市场的资源配置性质迥异，因此创新往往意味着资源组合方式的改变，并在组织与市场中表现出不同特征。组织形态的演变，由家庭的"纵向一体化"到分料，到户制，到工场作坊，到简单的工厂制，到合股企业、股份制企业，以及股份制企业的横向一体化即法人互相持股，都是企业组织创新的结果。

组织创新的类型有三种：市场交易型（A 型）、行政指令型（B 型）和混合型（AB 型）（指市场交易型与行政指令型相结合）。A 型组织的创新主要依靠个体利益的诱导，当个体认为参加新的组织能大于他之前所得利益时，A 型组织创新就会出现；B 型创新主要依靠权力的驱动，当权力上层重构组织能实现整体的新目标或使目标更好地实现时，B 型创新就会出现；AB 型创新介于其中，它广泛存在于组织与市场共存的相互作用体系中。

创设一个新的组织体系并使之有效运转是组织创新的主要任务。组织是企业管理活动及其他活动有序化的支撑体系。一项组织创新如果不能有效地实施与运转，则不是实实在在的创新。组织创新主要包括三大领域：企业制度创新、组织机构创新与管理制度创新。

第一，企业制度创新。企业制度创新是指随着生产的不断发展而创立新的企业组织形式。强调制度建设与制度创新并不是说人不重要，强调以人为本的管理也不等于制度不重要。恰恰相反，人本管理需要在科学的制度前提下来发挥人的作用。没有经过严格制度管理的过程，一开始就实行人本管理是不可行的。人与制度的关系是管理中的一个难题，往往强调人的时候忽略了制度，而强调制度时又会忽略人，这一点需要特别关注。

第二，组织机构创新。在组织结构创新过程中，组织结构与外在环境的关系必须受到重视，原因在于组织的生存、发展与创新要依赖外在环境的支持。组织必须顺应环境的变化进行各种必要的自我调整，适时变革自身的结构。

要想顺应环境的变化，就必须能够预见到环境的变化。如果环境总是在动荡变化之中，则组织必须保持高度敏感，随时根据环境的变化，迅速做出反应，调整相应的组织结构。当然，环境与结构的关系不是绝对的。组织本身对环境变化的消化能力也是适应环境的另一种力量，而不一定必须通过结构变化来实现。因此，组织结构不可能是一成不变的东西，而是一个柔性的、有学习能力的有机体。如何从过去刚性的组织状态转变为柔性的组织状态，是组织结构创新的一个重要方面。最传统的组织结构形式是企业管理者位居组织的顶点，统辖管理部下。职能取向一旦提高，组织形式便改成以企业管理者为中心点，统率周围具有专业职能的部下。如果是职能横向式的取向加强的话，企业管理者又会变成小组成员与其他人一起工作，组织向着半自主管理的形式转变。若再变成流程取向的话，就需要形成没有企业管理者的自主管理型组织。在这种组织里，强调的是自我管理。当然，还需要整合小组的领导角色，以轮换的方式让全体组员轮流担任领导者，将企业管理者改为顾问性质存在。这就是现代组织机构形式演变的基本过程。

第三，管理制度创新。管理制度是企业确立的各种资源整合的行为规范。管理制度创新的目的是更有效地整合资源。管理制度的创新是一个系统工程，一环紧扣一环，环环相关。制度创新的过程是一个持续化的过程，需要反复修改才能逐步趋于完善。

三、技术创新和市场创新

（一）技术创新

技术创新是指一种新的生产方式的引入。这种新方式可以是建立在一种新的科学发现的基础之上，也可以是以获利为目的经营某种商品的新方法，还可以是工序、工艺的创新。新的生产方式，具体是指企业从投入品到产出品的整个物质生产过程中所发生的"突变"。这种突变与在循环流转的轨道中年复一年的同质流动或同步骤的调整不同，它既包括原材料、能源、设备、产品等硬件创新，也包括工艺程序设计、操作方法改进等软件创新。

（二）市场创新

新技术的出现和新产品的开发必然带来企业对新的市场的开拓和占领，继而引起市场结构的新变动和市场机制的创新问题。市场创新是指企业从微观的角度促进市场构成的变动和市场机制的创造以及伴随新产品的开发对新市场的开拓、占领，从而满足新需求的行为。市场创新具有以下五个方面的特点：

第一，着重于市场开拓。与技术创新不同，市场创新不以追求技术的先进性、产品的精美性为目标，而以开拓新的市场、创造新的需求、提供新的满意为宗旨。能否满足消费者的需求是能否开拓新市场的关键。

第二，市场创新与市场营销不同，不以巩固已有市场份额、提高既有市场占有率为满足，而是把着眼点放在开拓新领域、创造新市场上。

第三，市场创新具有主动进取性。市场创新强调主动进攻，即在企业产品市场形势尚好的情况下，有计划、有系统地革除陈旧的、过时的技术或产品，开发新产品，开拓新市场。

第四，市场创新具有时效性。一次创新能否成功，很大程度上取决于它投入市场的时机是否合适。过早地投入市场，由于尚未消除产品本身的缺陷，或其维修备件尚未备足，或是在市场还没有为某次创新做好准备时，过早投入市场会导致惨重的失败。因此，尽早投入新产品，必须有个限度，即拿到市场去的产品必须在质量上基本过关，并具有新颖性能，从而能使之在市场上处于有利的地位。同样，一味追求新产品的最后一点完美性，而过晚地投入市场，往往会贻误战机，导致前功尽弃，丧失早一点推出产品所能得到的更多的市场。

第五，市场创新无止境。以低价格赢得市场份额，靠营销技巧来增加销售，无论是手段还是前景都是有限的，会受到最低成本、效益以及现有市场空间的局限。而市场创新却具有无限前景。从需求角度看，市场需求的多样性、多层次性和发展性，为市场创新提供了无限可能性；从供给角度看，技术进步是无止境的，任何产品质量、性能、规格都是相对的，质量到顶的产品或服务是不存在的。

第二节 现代企业管理创新的动因与基本要求

一、现代企业管理创新的动因

由于人的偏好、技术、产品、市场等变动的永恒性质，与这些因素相关的管理方式的效率只能在相对意义上理解。换言之，一旦引入时间概念，就不存在一成不变的最佳的、最有效率的管理。这就要求现代企业不断地追求更加卓越的管理，而这只能通过管理创新才能实现。

管理创新的动因是指企业进行管理创新的动力来源。按照管理创新的来源，管理创新的动因可划分为两类：其一是管理创新的外在动因；其二是管理创新的内在动因。

（一）外在动因

管理创新的外在动因是指创新主体（企业家）创新行为所面临的外部环境的变动。

1.经济体制环境的变动

经济体制环境是指一系列用来建立生产、交换与分配基础的基本的政治、社会和法律基础规则体系，如产权、合约权利等。回顾传统计划经济体制下，企业是政府的附属物，企业的生产经营活动都是由上级主管部门决定的，产品统购统销、财政统收统支、工资统一标准。所谓的管理只是如何更好地执行上级的指令，企业缺乏管理创新的激情。现代企业制度的建立，使企业成为自主经营、自负盈亏的市场经济主体。企业进行管理创新的成本、收益都由企业自己承担，这就从产权角度促使企业积极从事管理创新，获取更大的收益。

2.技术的改变

技术的改变对企业的生产经营活动存在普遍的影响。技术变化可能影响企业资源的获取，生产设备和产品的技术水平。技术进步使企业产出在相当大的范围内发生了规模报酬递增，从而使建立更复杂的企业组织形式变得有利可图。技术创新还降低了生产经营管理的成本，特别是计算机、图文传真、移动通信等信息技术的飞速发展，使适应信息化要求的管理创新成为必然。

3.社会文化因素的影响

社会文化是一种环境因素，但由于社会文化以其无形的状态深入企业员工及企业的方方面面，故创新主体的主导意识、价值观必然受到其熏陶。在这样的条件下，创新目标、创新行为必然受到社会文化的影响。比如：文化与价值观念的转变，可能改变消费者的消费偏好或劳动者对工作及其报酬的态度；知识积累，教育体制的发展，导致社会和技术信息的广泛传播。这些都减少了管理创新的组织、实施成本，促使企业积极创新。

4.市场竞争的压力

市场可以促使企业进行管理创新。市场通过竞争，会给企业很大压力，迫使企业不断创新。这种竞争，不断鞭策企业改进管理方式，为管理创新提供动力。由于人的理性是有限的，客观环境是不确定的，管理创新会有失败的风险，一旦失败会使企业的发展受到影响。许多企业因创新风险而因循守旧，不敢创新。但创新也有巨大的吸引力，管理创新的成功，会使企业获得巨大收益。正是这种对收益的期望，诱使许多企业进行管理创新。

5.社会生产力发展的要求

表面上看管理创新是为了发展生产力，有效整合资源，并且似乎只对社会生产力有促进作用，但实际上社会生产力水平状况对管理创新也有促进作用。

（二）内在动因

管理创新的内在动因是创新主体（企业家）创新行为发生和持续的内在动

力和原因。管理创新的内在动因并不是单一的，而是多元的。

1.创新心理需要

创新心理需求应该是人的需求的最高层次之一。创新心理需求是因创新主体对成就、自我价值、社会的责任、企业的责任等的追求而产生的。而这些本身也是创新行为的动因。

2.自我价值实现

创新主体在创新行为之前或过程中，对自我价值实现的追求往往成为其动因之一，因为一旦成功可以表明创新主体自身价值的高低，也可以从中获得成就感，得到一种自我满足。

3.创新主体对收入报酬的追求

创新主体对收入报酬的追求往往也是创新行为的动因之一。

4.责任感

责任感是创新主体的创新动因之一。责任感有两种，一是对社会的责任感；二是对企业的责任感。这两种责任感会使创新主体在思想意识中产生一种使命意识，促使创新主体坚持不懈地努力。

二、现代企业管理创新的基本要求

（一）要具有创新意识

实施企业管理的创新，需要有一个创新主体，并且这一主体应具有创新意识。对一个创新主体而言，创新意识首先反映在其远见卓识上。这种远见卓识能够敏锐地判断企业与管理发展的大趋势，能够在现实的问题中找到关键性问题并能看到其背后的深层原因，能够结合企业的特点提出、引进有价值的创意，作为创新的萌芽。

（二）要具有创新能力

创新能力直接关系到创意能否实施并最终获得创新成果。因此，创新主体的创新能力是企业管理创新的必备条件之一。由于创新主体可以是个人也可以是群体，故创新能力在个人方面与个人的天赋有很大关系，在群体方面则与群体中员工的智能结构、员工的关系程度以及组织结构等密切相关。

（三）要有良好的基础条件

现代企业中的基础管理主要指一般的、最基本的管理工作，如基础数据、技术档案、统计记录、工作规则、工序流程安排、会计核算、岗位责任标准等。一个企业基础管理工作好，表明这个企业管理水平较高。管理创新通常是在基本管理较好的基础上实现的。

（四）要有良好的创新氛围

创新主体能够有创新意识，能有效发挥其创新能力，与拥有一个良好的创新氛围有关。在好的氛围下，人的思想活跃；不好的氛围则可能导致人的思想僵化、思路堵塞。

（五）要考虑企业特点

管理创新并不是一种抽象的东西，而是十分具体的事件。现代企业之所以要进行管理上的创新，是为了更有效地整合企业的资源以完成企业的目标并承担相应的责任。因此，这样的创新就不可能脱离企业的特点。事实上，创新的成功正是由于这一创新本身抓住了特点。

（六）要明确创新目标

创新主体要进行创新，就必须有目标，这一目标就是管理创新目标。管理创新目标具体地说，是创新活动意欲达到的状态。具体的管理创新目标与具体的管理创新领域相一致。例如，创办连锁店式的商业服务形式与便利顾客、便利企业、争取效益的目标有关。而目标管理方法则与寻找一个更好地控制与激励员工方法的目标相关。由于创新活动需要明确的创新目标，而创新活动本身固有的不确定性使确认创新目标是一件很困难的事。因此，现代企业对管理创新的目标确认多半带有弹性，以解决这一目标本身难以确认的问题。

第三节 现代企业竞争力的提升

一、现代企业竞争力的含义与特点

（一）现代企业竞争力的含义

现代企业竞争力是一个复杂的综合概念，根据国内外学者的不同解释，可以归结如下：

第一，现代企业竞争力的"绩效"说。认为现代企业竞争力是指现代企业生产高质量、低成本的产品，竞争者更有效能和效率地满足消费者的需要。

第二，现代企业竞争力的"层次"说。认为现代企业竞争力是一个层次系统，可分为三个层次：表层是现代企业竞争力大小的体现，表现为一系列竞争力衡量指标；中层是现代企业竞争优势的重要来源，决定竞争力衡量指标的分值；深层是现代企业竞争力深层次土壤和真正的源泉，决定现代企业竞争力的持久性。

第三，现代企业竞争力的"持续发展"说。认为现代企业竞争力是指现代企业在与其他企业的公开竞争中，使用人力和资金资源以使企业保持持续发展的能力。

第四，现代企业竞争力的"能力因素"说。认为现代企业的竞争力是由一系列能力构成的，包括：快速反应能力、产出加快能力和资源效果能力，或人才竞争能力、市场竞争能力、技术竞争能力。

第五，现代企业竞争力的"企业家能力"说。现代企业竞争力是企业和企业家设计、生产、销售产品和劳务的能力，其产品和劳务的价格与非价格的质量等比竞争对手具有更大的市场吸引力，是企业和企业家在适应、协调和驾驭外部环境的过程中成功地从事经营活动的能力。这种能力既产生于企业内部效率，又取决于国内、国际和部门的环境。具体来说，现代企业竞争力受以下四个层次的影响：一是现代企业内部效率，即现代企业以最佳方式配置资源的能力；二是国内环境或经济体制的状况，它对现代企业竞争力具有决定性的影响；三是国际贸易和国际市场的状况影响现代企业竞争力的发挥；四是部门环境或行业环境竞争力的高低。

综观上述观点，虽然研究者们对现代企业竞争力的理解是多层次和多角度的，但有一个共同的看法就是认为现代企业竞争力是一种能力或能力体系，既包括静态能力，也包括动态能力，是一系列能力的综合体现。现代企业竞争力的大小受到一系列内外因素的影响，如果一个企业不能够对国内、国际和部门环境做出灵活反应，那也就无所谓竞争力；如果国家的经济体制和经济环境不能为现代企业提供或创造有利的环境，现代企业竞争力也无从谈起。因此，从本质上说，现代企业竞争力的高低取决于国家经济体制的设计、改革和经济政策的选择。

（二）现代企业竞争力的主要特征

根据现代企业竞争力的含义，其有如下特征：

第一，现代企业竞争力是一个能力系统，是现代企业运作过程中一系列能力的综合体现。

第二，现代企业竞争力是静态能力和动态能力的统一，既包括现实的实际能力，也包括持续改善和发展的能力。

第三，现代企业竞争力是一种比较能力，是在与其他企业的市场竞争中比较获得的。

第四，现代企业竞争力是质与量的统一，是可以通过竞争力指标体系的统计数据来加以衡量比较的。

第五，现代企业竞争力是企业内部因素和外部因素综合作用的结果。

二、现代企业竞争力提升的战略选择

管理创新是现代企业提升竞争力的战略选择。从现代企业竞争力的分析上看，管理创新是现代企业竞争能力系统结构中的一项能力资源，而且也是现代企业竞争力提升的关键因素。管理创新与现代企业竞争力具有非常密切的关系，可以从两个方面进行分析。

（一）管理创新与现代企业经营、创新

1.管理与现代企业经营活动的关系

管理是现代企业竞争能力体系中的一种能力资源，它在现代企业竞争力的产生、提升中具有不可忽视的重要作用。由于这种作用是间接的、深层次的，所以人们往往会忽视它的作用，而更重视技术、品牌、市场、资本等这些具有直接作用的资源能力。管理实质上是现代企业经营活动中的基础性工作，并且渗透到现代企业经营的其他活动中。

2.管理创新与现代企业创新的关系

现代企业创新就是现代企业经营活动的创新，这是现代企业经营成功并不断发展、壮大的方法。现代企业创新的领域包括管理创新等。

现代企业在进行各种创新活动时，如果没有管理创新与之相适应，产品、技术、营销等创新活动就很难实施。旧有的管理在制度、组织、机制、文化等方面不能与创新活动相适应，导致其成为创新活动中的绊脚石，使创新活动难

以顺利进行。现代企业的创新活动要以管理创新为基础，管理创新要为其他创新活动创造良好的制度环境和机制环境，同时通过其他创新活动的成功实施来体现管理创新的功效。

（二）管理创新对提升现代企业竞争力的效应

管理创新与现代企业的竞争力有着密切的关系，能够提升现代企业的竞争力。具体体现在以下几个方面：

1.现代企业的收益提高效应

管理创新的目标是提高现代企业有限资源的配置效率。这一效率虽然可以在众多指标上得到反映，例如资金周转速度加快、资源消耗减少、劳动生产效率提高等，但最终还要在经济效益指标上有所体现，即提高现代企业的经济效益。一是提高目前的效益；二是提高未来的效益即现代企业的长远发展。管理中诸多方面的创新，对提高现代企业的目前效益和未来效益都会起到极大的促进作用，增强现代企业的实力。

2.现代企业的成本降低效应

现代企业管理创新能够推动现代企业的技术和制度的创新。新技术、新工艺、新流程的采用，加快了产品的生产速度，大大提高了劳动生产效率，降低单位产品的成本。新制度、新管理方法和方式的应用，改变了员工的工作态度和工作方法，降低了产品的废品率，节约了管理的费用以及交易费用。这些从整体上降低了现代企业的成本，增强了现代企业的价格竞争力。

3.现代企业的市场开拓效应

管理创新若在市场营销方面进行创新，将帮助现代企业拓展市场、展开竞争。现代企业在进行市场竞争和市场拓展时，会遇到众多的竞争对手，哪一个企业能够率先创新并有效地实施营销管理方案，这个企业便能战胜竞争对手。现代企业在营销实践中，创新了许多新型的营销方式，如直面营销、顾客营销、连锁营销、关系营销、网络营销、电子商务营销等，这些方法都使企业扩大了市场占有率，增加了企业的资本收益，扩大了企业的资本规模，增强了企业的盈利竞争力和资本竞争力。

4.现代企业的管理水平提高效应

现代企业的有序化、规范化是企业稳定与发展的重要力量，也是衡量一个企业管理水平高低的重要标准。实施管理创新就是不断地为企业提供更有效的管理方式、方法和手段，使企业的管理活动有序、规范和高效。当今时代是一个速度时代，不是"大吃小"，而是"快吃慢"。信息技术的应用，使管理操作程序规范化，同时加快了信息收集、处理、传输的速度，节省了时间，提高了现代企业的管理竞争力。

5.现代企业的企业家创新效应

现代企业管理创新的直接成果之一就是形成了一个新的职业企业家阶层，这一阶层的产生一方面使企业的管理处于专家的手中，从而提高了企业资源的配置效率；另一方面使企业的所有权和经营管理权发生分离，推动了企业的健康发展。不仅如此，企业家为了企业能够持续成长，必然关注企业的创新，使自己成为管理创新的主体，同时还会带动企业员工创新，营造创新氛围，增强企业的创新竞争力。

6.现代企业的文化渗透效应

企业文化管理是现代企业管理的重要方式，通过管理创新不断地形成先进的企业文化，促进企业员工形成新的价值观和行为方式。企业文化管理通过渗透和影响企业的战略制定、经营管理模式的设计、组织结构和运行制度的完善、人力资源开发与管理的优化等，发挥出企业文化的凝聚力、激励力、约束力、感染力、形象力和辐射力，提高企业竞争中的文化竞争力。

三、提升现代企业竞争力的作用机制

"机制"一词，原指机器、机械、机构的构造和工作原理，后来逐渐地应用于医学等方面，用来表示生命有机体的各个组织和器官如何有机地联系在一起，并通过表示它们各自的相互作用产生特定功能，从而维护生命有机体的正常活动。20 世纪 50 年代，"机制"一词被引用到经济学中，用来研究市场活动与企业的经营管理活动。

现代企业竞争力的来源是企业的竞争优势，如果一个企业管理得非常有效率，就会获得竞争优势，有可能成为高度竞争领域的领头羊。管理与管理创新的目的就是在成本、质量、速度和创新方面分析、发现、构建、保持和提升企业的竞争优势，其作用是通过管理功能的发挥及创新来实现的。作用机制主要是由战略管理、组织结构、人力资源管理、管理控制活动和企业文化构成的。下面以战略管理和组织结构为例进行阐述：

（一）战略管理

现代企业要取得市场竞争主动权，赢得竞争优势，就必须根据国家的产业政策、宏观经济发展规划、世界经济技术发展趋势和市场竞争状况、企业内部资源等，制定富有远见、切实可行的发展战略目标，实施战略管理，以便对市场的不确定性做出快速灵敏的反应。

战略是为达到企业组织的目标而采取的行动方式和资源配置。战略管理就是将企业组织的技能和资源与外部环境和机遇匹配，进行决策和实施，达到获取竞争优势的管理。战略管理集中于企业经营活动的方方面面，针对多变的环境，着眼于未来，具有全局性、长远性、创新性和风险性等特点。

对现代企业的竞争优势实施战略管理，其过程包括六个组成部分：

1.确定宗旨、愿景、目标

就是确定现代企业组织基本的经营目的和价值取向，描述现代企业前进的方向和最终目标，并将现代企业的宗旨、愿景和目标传递到与企业有关的每一个人，实现认同，增强企业的凝聚力。

2.外部机遇与威胁的分析

这是对现代企业的外部环境进行分析，包括宏观经济分析、行业和市场分析、竞争者分析、政府和监管分析、社会分析、人力资源分析、技术分析等。通过对外部环境的分析，发现现代企业的市场机会和潜在的威胁，确定现代企业在市场竞争中的战略定位，将威胁转变成机遇。

3.内部优势和劣势的分析

这是对现代企业内部主要职能部门及资源的优势和劣势进行评价。内部分析使战略决策者对企业的技术储备、资源储备和职能储备部门的运营水平有全面的了解。现代企业内部资源分析，包括研究与开发、财务、人力资源、生产运作、市场营销等。有效的内部分析可以使企业弄清自己的优势和劣势，弄清企业如何通过资源进行竞争。只有在一定条件下，资源才能成为竞争优势的源泉。如果资源成为为客户创造价值的工具，那么资源就带来了竞争优势；如果资源稀缺且难以模仿，则是竞争优势的源泉；如果资源被有效地组织在一起，就能增强企业的竞争优势。如果资源是有价值的、稀缺的、不可模仿的和有组织的，它们就可以被看作现代企业的核心能力。现代企业拥有了核心能力，也就拥有了竞争力。

4.SWOT 分析与战略形成

SWOT 分析是指对现代企业的优势（Strengths）、劣势（Weaknesses）、机遇（Opportunities）和威胁（Threats）的比较。SWOT 分析是帮助现代企业管理者概括主要的事实，并在现代企业外部和内部分析的基础上进行预测的方法。在此基础上，现代企业管理者认识到现代企业面临的主要和次要问题，从而进行最适合的战略选择。可供选择的战略有成本领先战略、差别化战略、目标集聚战略。成本领先的优势在于有利于建立起行业壁垒，有利于现代企业采取灵活的定价策略，将竞争对手排挤出市场；差别化战略就是利用现代企业具有的独特性，建立起差别竞争优势，以对抗竞争对手，并利用这种优势所带来的较高的边际利润补偿因追求差别化而增加的成本，保持现代企业有利的竞争地位；目标集聚战略是主攻某个特殊的细分市场或某一种特殊的产品，其优势就是能够以更高的效率、更好的效果为某一狭窄的战略对象服务，从而在某一方面或某一点上超过那些有较宽业务范围的竞争对手。现代企业应以核心能力为基础进行最适合的战略选择。

5.战略实施

现代企业选择、制定了合适的战略后，最重要的是现代企业管理者必须保证战略的实施是有效果、有效率的。这就要求现代企业各层次的管理者都能够参与战略的制定、识别和实施，还必须得到合理的组织结构、技术、人力资源、信息系统、激励机制、领导风格、企业文化等全方位的支持。

6.战略控制

战略控制系统是为评估现代企业战略过程而制定的系统，战略控制的目的是保证战略目标能够顺利实现。当现代企业行为偏离战略计划时，则采取纠正行动。战略控制系统必须鼓励与计划一致的有效行动，同时还要能够适应变化的情况并采取灵活的行动。控制系统包括绩效指示器、信息系统和具体的监督机制。

通过对战略管理的分析和描述，可以得到：战略管理的核心是在变幻不定的环境中确定现代企业的发展领域和方向；是在市场调研、分析、预测的基础上，确定现代企业发展战略，搞好市场定位、新产品开发，做到经营决策快、产品开发快、投放市场快、资金周转快。现代企业要适应不断变化的环境，制定出适应市场变化的战略目标，就需要富有变革和创新精神的企业家不断运用新产品、新技术、新材料、新设备，开拓新市场，不断革新现代企业的组织与管理。在世界竞争力评价指标体系中，评价现代企业战略管理能力的指标有企业家精神与创新精神、企业高级主管从事国际经营的经验等。

（二）组织结构

1.现代企业组织结构

现代企业竞争力的大小，主要表现在能否对宏观调控和市场信号做出灵敏反应，以便现代企业能迅速地调整竞争战略，这与现代企业设计、采取何种类型的组织结构具有密切的关系。

组织结构是表现组织各部分排列顺序、空间位置、聚集状态、联系方式以及各要素之间相互关系的一种模式，是执行管理和经营任务的体制。它的内涵是人们在职、责、权方面的结构体系，主要包括：

第一，职能结构，即完成现代企业目标所需要的各项业务工作及其比例和关系。

第二，层次结构，即管理层次的构成，是组织的纵向结构。

第三，部门结构，即各管理部门的构成，是组织的横向结构。

第四，职权结构，即各层次、各部门在权力和责任方面的分工及相互关系。

组织结构犹如人体的骨架，在整个管理系统中起着框架和保护的作用，有了它，系统中的人流、物流、信息流才能正常流通，使组织目标的实现成为可能。

2.现代企业中不同组织结构类型的优劣势

组织结构由于集权和分权程度的不同，可划分为相对集权的"机械"组织结构和相对分权的"有机"组织结构。现代企业的组织制度表现为公司制和集团制，其组织结构则表现为事业部门型组织结构和控股公司组织结构。这两种类型的组织结构都实行产权、经营权分离和内部分权机制，但又各有其优势和劣势。

（1）集权的职能制组织结构，简称 U 型结构，其特点是权力集中于现代企业最高管理层，实行等级化集中控制。现代企业的生产经营活动，按照职能不同，分成若干个垂直的管理部门，每个部门实行职能分工，并直接由最高主管协调控制。

U 型结构的优势在于：分工严密，职责明确，实行专业分工，有较高的工作效率。但 U 型结构也有其缺点，如过度集权，适应性差，不易于现代企业内部培养管理人才等。U 型机构只适用于小规模、产品单一、市场销售较稳定的现代企业。

（2）事业部制组织结构，简称 M 型结构，其特点是按计划统一分配资源，市场的特点是按价格机制分配资源。公司的业务按产品、服务、客户或地区划分为事业部门，公司总部授予事业部门很大的经营自主权。事业部门下设自己的职能部门，如生产、销售、开发、财务等，独立核算、自负盈亏。每一个事业部都是一个利润中心，公司的管理方式是"集中决策，分散经营"。

M 型结构的优势在于：既有较高的稳定性，又有较高的适应性；能充分发挥各事业部对经营管理的积极性、主动性，又有利于公司总部摆脱具体事务；有利于培养出全面的管理人才；由于每一个事业部是一个利润中心，便于建立考核部门绩效的标准。但事业部制也有其缺点，如滥用资产、机体臃肿、资源流动困难等。

（3）控股公司型组织结构，简称 H 型结构，是通过母公司对子公司进行控股并管理的一种内部分权组织形式。H 型结构的特点是：以资产关系为纽带联结母公司与子公司的关系；子公司在法律上是具有法人地位的独立企业。

H 型结构的优势在于：由于母公司同子公司在法律上各为独立法人，母公司无须承担子公司的债务责任，相对降低了经营风险；子公司无法依赖母公司，使子公司有较强的责任感和经营积极性。其缺点是母公司对子公司不能直接严密控制；母、子公司都需纳税。H 型组织结构适用于跨行业多种经营的大型集团公司。

（4）反应型组织。上述的 U 型、M 型和 H 型组织结构是正规结构，是组织内部对工作的正式安排。同时，在现代瞬息万变的企业环境中，反应能力快速、灵活和适应变化需求的能力，对现代企业保持竞争优势和提升竞争力也是至关重要的，因此，现代企业应建立起反应型组织。

反应型组织主要是对组织规模、环境、技术及战略的变化做出反应，使组织能够迅速得到调整，适应其变化。如网络组织、学习型组织、团队组织、战略联盟、柔性制造组织、高参与组织等都属于反应型组织，是非正规组织结构。这类组织结构具有快速反应能力、创新性、潜在的柔性和极强的适应性，为现代企业创造竞争优势。网络组织具有快速反应能力，能够降低成本和风险；团队组织能增强员工的凝聚力，是现代企业生产力、质量、成本节约、速度、变革和创新的力量；战略联盟组织能更好地开发新技术、进入新市场和降低制造成本；学习型组织使自身比竞争对手学习得更快，更具竞争优势；高参与组织是通过员工和管理者共同工作实现企业目标来激发高度的参与和承诺，完成复杂的创造性的工作，在创新和速度上超越竞争对手。

以上各种组织结构都有自己的特点和优势，现代企业应能够根据自身的状况以及环境的变化不断地选择、改变、创新最具竞争力的组织结构。反映现代企业组织结构方面竞争力大小的指标主要有公司董事会作用、公司规模等。

第四节　我国现代企业的管理创新实践

加强科学管理是提高现代企业经济效益的根本途径。我国是一个文明古国，在五千多年漫长的历史中，中华民族创造了光辉灿烂的物质文明和精神文明。祖先在治理国家的实践活动中，经过长期的艰辛探索，创造了很多管理办法，积累了丰富的管理经验。这些管理经验既有微观的治生之学，也有宏观的治国之道，涉及诸子百家、经史子集、名家文论等各个方面。

这些管理思想内涵十分丰富的典型作品，值得人们深入分析和研究，以期从中获得启示。

以海尔集团为例，海尔集团在确立企业发展和经营大局，培育职工队伍威武不屈、勇敢进取、刚健有为的浩然正气，以及制定企业竞争谋略方面，都曾吸取了《论语》《老子》《孙子兵法》等优秀思想。

我国现代企业的管理创新，需要挖掘、研究蕴藏在民族文化遗产中的管理思想和管理经验，批判地继承，吸收其精华，并在现代管理理论研究和实践中加以融合和创新。

一、博采众长

博采众长，大胆借鉴外国现代管理理论和经验。第二次世界大战以后，西方主要发达国家进行了两次企业管理革命。第一次管理革命主要是以日本企业为代表的工业化高级阶段的管理创新，着重点在质量，建立了经济增长的质量模式；第二次管理革命主要是以美国企业为代表的探索知识经济条件下企业管理的新途径，着重点在速度，开展了"企业再造"运动。随着信息技术的迅速发展，西方企业在组织规模、产品结构、技术装备、信息处理、人员素质等方面都发生了全面、深刻的变化。在亚当·斯密劳动分工原则下建立的一系列生产、经营的管理方式和管理方法不断向科学化、现代化、信息化发展。如美国企业的发展呈现五个新趋势：一是从效率、目标导向转向远景导向；二是从专门职能转向跨职能的整合；三是从重视股东利益转变为重视所有的利益相关者；四是从追求规模和范围经济到追求速度经济；五是从追求效率和稳定到追求创新和变革。

随着现代企业发展趋势的变化，现代企业管理的新趋势也随之产生：管理中心人本化、管理组织扁平化、管理权力分散化、管理手段信息化。各种管理新方法也应运而生，如重新设计企业流程、及时生产、灵活生产、横向管理、柔性制造、组织修炼、团队建设等。

西方的这些管理理论、管理技术和管理方法都是人类智慧的结晶，要根据国情，弃其糟粕，取其精华，融会提炼，为"我"所用。

二、适应市场

适应市场，增强现代企业的应变能力。当前，我国现代企业面对的市场环境发生了很大的变化：我国的市场已由卖方市场转变成为买方市场；与国际市场的联系日趋紧密，经济发展的对外依存度明显增加；市场化程度大大提高，市场细分化逐步加强，市场从不规范到逐步规范，市场竞争日趋公平和更加激烈；信息化和经济全球化也从根本上改变了现代企业的内外关系。市场环境的这些变化将会带来一系列现代经营管理上的问题，如市场预测、消费者行为的分析、对竞争对手的应战策略等。现代企业必须就经营目标、内外部环境以及同环境的积极适应等问题进行谋划和决策，制定现代企业发展的方针和目标，以实现企业环境、企业能力、企业经营目标的动态平衡和统一。现代企业管理必须在抓好生产管理的同时向两头延伸：向后延伸到产品营销和售后服务，把产品设计开发能力、市场营销能力"两头小"而生产环节"中间大"的橄榄型管理体制，转变为"两头大、中间小"的"哑铃型"管理体制。从市场出发，按市场需求实施生产、销售、服务、信息反馈、科研开发的全过程管理；要把市场机制引入现代企业内部，运用市场规律优化资源配置、盘活存量资产、加快技术进步、提高运作效率，切实把企业工作的基点落实到以市场为中心的思路上来。现代企业管理的重心也必须紧紧围绕市场和竞争环境的变化，制定现代企业的应战策略，提升现代企业的应变素质。适应市场，增强现代企业的应变能力，需要注意以下几个方面：

第一，要具有国际化经营意识。21世纪是全球经济一体化的新时代。生产的国际化、市场的国际化、消费的国际化，使许多企业的发展都离不开国外市场的开拓和先进技术的引进和利用。可以说，现代企业经营管理的国际化，跨国公司的发展，对每个企业和世界经济的发展，都起到巨大的作用。

第二，应当树立危机意识。要认识到，生存危机能激发现代企业的成长机能。

第三，要不断地把握市场竞争变化的规律。消费者对产品性能和质量要求的差异化，技术进步的快速化，市场竞争的激烈化，都会为现代企业成长提供新的机遇和空间。机遇对众多的企业来说是公开的，具有普遍性，但具体到每个企业能否有效地把握它和利用它，却有着特殊性。实践证明，现代企业为了掌握未来市场变化的规律，要对市场做出迅速灵敏的反应，特别是对市场可能出现的机遇要进行分析研究。例如，通过对市场竞争者和消费者情况的认识和了解，以分析可能出现的机遇，并对可能出现的机遇能够应付的优势和劣势进行预测。现代企业要正确利用机遇，必须进行寻机管理，提出可能采取的对策和方法，对机遇采取或不采取对策所产生的预期结果要进行分析，以便为利用机遇做出最后的决策。只有那些能预见到市场变化规律而超前采取寻机管理的企业，才能引导消费者的消费趋向，取得好的经济效益。

（4）实施灵活多样的弹性化管理。由于经济结构的变化，消费者需求多样化，过去的企业是围绕着物品和资金流动组织起来的，而现在则变为围绕着信息的流动来组织，这样，管理格外需要富有弹性和适应性。弹性管理是在扎实的基础工作、完善的管理制度和精细的管理操作前提下的延伸和发展。它是在现有管理根基上因情景变化的创新。对我国现代企业来说，应当在搞好现有管理工作的同时，密切关注管理工作正在发生的这种弹性变革。

三、以人为本

以人为本，注重人才开发，增强现代企业整体创新能力。人本管理是20世纪60年代提出的，到了20世纪80年代已受到国内外企业的普遍重视。现代企业的管理创新是以人为本，依靠人完成的创新活动，是以企业家为主导的职能性创新，以企业员工为主体的全员性创新。现代企业管理创新的成效直接取决于创新主体的创新精神和创新能力。

以人为本，注重人才开发，首先需要企业家有创新的激情，发挥主导作用。因而加强企业家素质、知识、才能、风险意识和创新精神的培养刻不容缓。高素质企业家短缺已经成为制约现代企业竞争力的最大因素。我国很多企业经营者的创新动力和创新能力不足，当务之急是从制度上使企业经营者职业化，并真正向企业家过渡。同时必须建立完善的考核制度，形成与现代企业制度相适应的激励和约束机制，即建立科学的企业家制度。

当前，人本管理普遍推行，企业员工已成为现代企业管理活动的主动参与者，没有企业员工的理解、支持与参与，现代企业管理创新是无法取得成功的。企业家要尊重员工、关心员工、依靠员工、激励员工，发挥员工的主观能动性，激发员工的创造热情。要加强全员职业培训，提高专业技能和文化素质，提倡、鼓励、促进形成企业成员的学习、创新欲望，形成一种集体的创造力和创新能力，积极投身到管理创新中来。

以人为本，注重人才开发，增强现代企业整体创新能力，需要注意以下几个方面：

首先，在人力资源开发过程中，要从传统的人事管理进一步转向人才开发管理。企业人力资源是一个企业全体职工所具备的现实和潜在的生产能力。传统的人事管理视人力为成本，往往以事为中心，注重现有人员的管理；而人力资源开发把人视为一种稀缺的资源，以人为中心，强调人和事的统一发展，特别注重开发人的潜在才能。人才开发管理除了具有人力资源开发的特征外，更加注重人的智慧、技艺和能力的提高与人的全面发展，尤其是人的智力资源开发。未来企业的资本不仅仅是金钱，而是要求人的智能和发挥人才智能资本的作用。如果说传统产品属"集成资源"，而未来的产品则属"集成知识"，智能资本将导致"世界财富的一次大转移"，即企业的成功将从自然资源的拥有者转移到那些拥有思想和智慧的人的手中。也就是说，未来企业的发展，不只是靠设备好、技术强，同时要靠那些具有高智慧的人。

其次，加强职工培训和继续教育，注重智能资本投资，开发职工的创造力。现代企业需要具有创造力的能人治理。美国通过开发人的创造力得出结论，受过创造力开发训练的毕业生，发明创造和取得专利的能力要比未经训练的人多三倍。

智能资本是指现代企业花费在教育、培训等人才综合素质再提高方面的开支所形成的资本，它比一般的人力资本投入会带来更长期的收益。智能资本和金融资本、物质资本不同，无法与所有者分离，是人们原本拥有的技术、知识、能力和价值观的继承，具有人才资本的积累性。

现代企业的发展不仅需要一定素质的劳动者，还需要超出常人的、高素质的综合智能。用丰富的人才资本优势转化、替代物质资本、自然资源和技术的优势，势在必行。

最后，培育企业精神，把建设企业文化和塑造企业形象的活动引向深入。我国现代企业对企业精神并不陌生，而企业文化和形象建设是20世纪80年代以来企业管理理论中分化出的一种新理论，被人们称为管理科学发展的"第四次革命"或新阶段。

文化与形象建设的深化，应主要从以下几方面努力：

第一，致力于现代企业价值观的塑造。因为现代企业文化的核心是现代企业精神，现代企业精神的核心是现代企业价值观，现代企业形象识别系统的核心是现代企业的理念识别系统。现代企业价值观是现代企业广大员工对客观事物、对自己从事生产经营活动意义的看法和总评价，是劳动者的价值观念在生产和生活中的沉积，它对构成现代企业文化、现代企业形象的诸要素，即现代企业的经营宗旨、经营战略和员工的行为规范等起着导向和决定作用。

第二，注重突出现代企业的气质与个性。在未来国内外市场竞争日渐激烈的情况下，现代企业自己的经营没有特色，产品没有特性，管理没有气质，不能使广大消费者感知到与其他企业的差别，将很难自立于国内外市场。

当前，我国现代企业在这些方面存在的问题，主要是对现代企业精神、现代企业文化、现代企业形象建设内容的归纳和升华雷同化，没有自我个性，所以成效不大。为应对未来的竞争，现代企业必须改变这种状况。

总之，就我国现代企业改革而言，必须注重管理创新，坚持"管理创新、制度创新、技术并举"的方针，在深化体制改革中推动管理创新，在坚持技术进步中注重管理创新。只有这样，才能提高现代企业整体管理水平，从而更快、更好地促进现代企业生产率、经济效益的提高及企业集约化规模的扩大，实现微观经济的发展，促进宏观经济增长方式的转变，推动整个国民经济快速、持续、健康发展。

参 考 文 献

[1]寇改红,于新茹.现代企业财务管理与创新发展研究[M].长春:吉林人民出版社,2022.

[2]秦勇,李东进,朴世桓,等.企业管理学[M].北京:中国发展出版社,2016.

[3]窦艳,侯杰.刍议企业生产管理人员能力培养[J].航空维修与工程,2022(04):102-104.

[4]韩新彬.精益管理在企业生产管理中的应用浅析[J].中外企业文化,2022(07):70-72.

[5]刘雪.企业人力资源规划的常见问题及对策分析[J].商业文化,2022(05):78-80.

[6]秦春.企业财务管理转型路径探讨[J].现代营销（上）,2022（11）:4-6.

[7]谭贵爱.企业管理的重点领域及发展路径[J].中国产经,2022（18）:88-90.

[8]王亚兰,姜雨丝.浅析中小企业投资管理[J].市场周刊,2022,35（10）:13-16.

[9]陈丽芳.工作分析在企业人力资源管理中的作用[J].中国集体经济,2021（14）:116-117.

[10]康秀平.优化企业生产计划的精细化管理分析[J].现代商贸工业,2021,42（21）:161-163.

[11]何丹妮.现代企业文化建设如何以人为本[J].现代商业,2020（28）:70-72.

[12]孟雯婷.企业价值最大化下财务管理框架探讨[J].合作经济与科技,2019（04）:170-171.

[13]南超兰.基于活动的成本方法对企业决策影响[J].物流科技,2018,41（09）:44-45,61.

[14]李爱华，包锴.企业价值评估风险类别及控制对策[J].商业会计，2017（12）：106-107.

[15]姜雨峰，潘楚林.战略性企业社会责任的边界、评价与价值实现[J].南京审计大学学报，2016，13（05）：37-44.

[16]王乐宇.企业组织形式的划型与选择[J].经济论坛，2012（03）：145-150.

[17]向林.互联网众包对现代企业管理模式创新的启示[D].北京：北京邮电大学，2015.

[18]林夏菁.内部审计管理模式影响因素研究[D].南京：南京审计学院，2015.

[19]李娟.企业管理业绩评价模式创新研究[D].大连：东北财经大学，2007.

[20]白红菊.现代企业管理创新模式研究[D].大连：东北财经大学，2002.